認知行動療法、べてる式。

伊藤絵美
洗足ストレスコーピング・サポートオフィス所長
向谷地生良
浦河べてるの家／北海道医療大学教授

医学書院

DVD＋BOOK　認知行動療法、べてる式。

発行	2007年9月15日　第1版第1刷©
	2018年1月15日　第1版第4刷
編著者	伊藤絵美＋向谷地生良
発行者	株式会社 医学書院
	代表取締役 金原 優
	〒113-8719 東京都文京区本郷 1-28-23
	電話 03-3817-5600（社内案内）
装幀	松田行正＋加藤愛子
印刷・製本	アイワード

ISBN978-4-260-00527-2

認知行動療法とは
当事者みずからが**困り事**のメカニズムを理解し、
「**抜け道**」を探すための《自助の道具》です。

専門家は《自助の援助》をします。

認知行動療法では**心の中を見つめません**。
世界との**接点**だけに着目します。

「接点」とは次の二つです。
入口＝物事をどうとらえるか→**認知**
出口＝物事にどう対処するか→**行動**

べてるの家では、そうした「認知」と「行動」に
アプローチする方法として
当事者研究と**SST**をおこなっています。

この冊子とDVDでは、べてるの家の幅広い活動を、
「認知行動療法」という視点から切り取って紹介します。

長いまえがき

私たち認知行動療法家がべてるに興味を持つ理由

伊藤絵美

私（伊藤）は認知行動療法を専門とする臨床心理士であり、認知行動療法をはじめとする心理学の研究者の端くれでもある。私は一個人として「浦河べてるの家」（以下「べてる」あるいは「べてるの家」と表記）のあり方や活動に興味があるのと同時に、現場で臨床実践に携わる一人の認知行動療法家として、そして認知行動療法にかかわるさまざまな研究活動に従事する一人の心理学者として、並々ならぬ関心をべてるに抱いている。

私がどのようにしてべてるに興味を惹かれ、べてるとおつきあいさせてもらうようになったか、その経緯を書くことがそのまま本書の紹介にもなると思われるため、以下にまとめてみる（なお、認知行動療法については第１章で具体的に紹介する）。

私は臨床心理士として、長らく精神科診療所にて個人療法や家族療法を担当していた時期がある。また同じ診療所にて精神科デイケアを立ち上げることになり、その立ち上げからプログラム運営まで全面的にデイケアの仕事にもかかわっていた時期がある。私は学生時代から認知心理学や認知行動療法を中心に勉強や研究を続けていたので、臨床現場でも当然のように認知行動療法を志向して心理療法やデイケア運営を試みたのであるが、私が現場で仕事を始めたころの日本は、認知行動療法を現場で実践するためのトレーニング環境がまったく整っていなかった。新米心理士の私にとってそれはたいへん心細い現実であったが、現場で試行錯誤しているうちに、はっきりと気づいたことがあった。それは「迷ったら当事者に相談すればよい」ということである。

認知行動療法家として多少経験を積んだ今、私は初心者の方々のスーパーバイズを行うことがあるが、初心者のなかには「こんなことを言ったら、自分が認知行動療法家として未熟だと、クライアントに思われて（バレて？）しまうのではないだろうか」と心配する人がいる。

しかし初心者のころの私はなぜかそのような心配をすることがなく（単にプライドがなかっただけかもしれない）、また日常的に相談できるスーパーバイザーが身近にいなかったこともあり（単にスーパーバイザーを探し出す努力が足りなかっただけかもしれない）、セッションの進め方に迷いが出た場合、まずその迷いを紙に書き出し、その紙をクライアントに見せて、「○○について、私はこういう理由から、こんなふうに迷っているんだけど、△△さん（クライアント）はどう思いますか？」「○○についてどうしたらいいか、考えれば考えるほど、よくわからなくなってきちゃったんだけど、△△さんの考えを聞かせていただけますか？」などと、クライアント本人に相談することにした。自分が未熟であると思われる心配よりも、未熟な自分が独りよがりな認知行動療法をクライアントに押し付けてしまうことのほうが、よほど心配だったからである。

すると自分のことを相談されているのだから当たり前と言えば当たり前なのであるが、クライアントは皆、いちおう“専門家”の立場である私から相談されて、「専門家のくせにクライアントである自分に相談をするなんて」と反発することはまったくなく、皆さん快く、むしろ積極的に私からの相談に乗ってくれるのであった。

認知行動療法では“協同的実証主義”という態度を重視する。また私は自分の研究を通じて、「認知行動療法とはセラピストとクライアントによる“協同的問題解決”である」と定式化しているが、ではそれを現実の臨床場面でどう実現するか、ということについて、当時、具体的なことが書かれてあるマニュアルはほとんどなかったように思う。だからこそ私は上記のようにクライアントに直接相談することにしたのであるが、やってみるとそれは非常に手応えがあり、クライアントと私はまさに対等な立場で協力しながら問題解決に取り組んでいる、という実感を持つことができた。

そして華々しい成果を上げるわけではないが、クライアントと一緒に「ああでもない、こうでもない」と試行錯誤しているうちに、どこか落としどころが見つかり、「まあ、こんな感じでやっていけそうだ」という見通しを共有したうえで、ほどほどに満足してケースを終結にできるということもわかってきた。

デイケアの運営にしても同じである。デイケアでの勤務経験のまったくない私が、デイケアを立ち上げ、運営する責任者になってしまったのであるから（しかも他のスタッフも皆デイケア初心者であった！）、それこそ“精神科の患者歴”の長いメンバーに相談し、メンバー主体でプログラムを組んだり、プログラムを実践したりするのが当然のことと思われ、実際にそのようにしたところ、それで何の問題もなく、非常に生き生きとした日常がデイケアで展開されていたように思われる（もちろんちょっとした事件は日常茶飯事であったが）。

精神科デイケアで日々接するメンバーには統合失調症の方が多く、私は全メンバーの受入れ面接を担当していたのであるが、統合失調症の方々との面接のなかで病気について聴取すると、ごく当たり前のようにこれまでに体験した、あるいは今現在体験中の妄想や幻覚の話が出てきた。また私はデイケアのメンバーと散歩に出かけるのが大好きだったのだが、散歩中の世間話のなかで自分の幻覚や妄想について話をするメンバーも多かった。

そこで私は「あれっ？」と思い始めた。それは、当時（今でもそうかもしれないが）私の受けた臨床心理学の教育では「統合失調症のクライアントの妄想や幻覚についての話は、症状を増悪させるから聞いてはいけない」とされていたからである。

しかし「聞いてはいけない」も何も、デイケアという一種の日常のなかで、メンバーは自らそれらについて語るのである。私はただそれに耳を傾けるだけであったが、それでメンバーの症状が増悪することもなく、また、彼らの妄想や幻覚の世界が実に豊かであること、またそれぞれが自分のそのような症状に対してそれぞれのつきあい方をしていることが理解され、それは私にとって非常に新鮮な体験であったと同時に、当時の臨床心理学における妄想や幻覚の扱い方に疑問を抱くようになるきっかけの一つにもなった。

以上をまとめると、セラピストは認知行動療法を進めるにあたって“協同的問題解決”の理念にのっとりクライアント当人と相談しながら進めることができること、統合失調症のデイケアメンバーが幻覚や妄想について自発的に話す場合、その話をデイケアスタッフが聞いても何か大問題が起きるわけではないこと――この2点が、精神科診療所に勤務している間に私が学んだ大きなことであった。

そして当時の私は相変わらず正式なスーパーバイザーが不在のまま、認知行動療法を自ら学びながら実践に生かし、それをさらに自らの学びに返す、という作業を一人続けていたが、そのなかで、たとえば《ソクラテス式質問法に基づく双方向的コミュニケーション》《全体像のアセスメント》《外在化とその共有》《メタ認知機能の強化》《セッションの構造化》《コーピングレパートリーの拡大》《日常生活の重視》といったことが（これらについては後ほど具体的に述べる）、認知行動療法の個々の技法よりはるかに重要であることを痛感するようになった。

今挙げたこれらのことは、すべて認知行動療法を通じてクライアントの自助を援助するための個々の“しかけ”である。このようなしかけが効いて初めて、認知再構成法や問題解決法、曝露法やリラクセーション法など、認知行動療法でよく用いられる数々の技法が役に立つ。逆に、これらのしかけがきちんとしかけられていないと、いくら技法を使ってもクライアントの役に立たない。それどころか逆効果になる場合もある。このようなことを学びつつ現場での実践を重ねながら、私なりの“認知行動療法像”のようなものが少しずつ固められていったのである。

さて、ここで「べてる」である。

その後私は精神科診療所の常勤職を辞してある民間企業に就職し、認知行動療法やストレス心理学の理論と方法に基づいて、従業員のメンタルヘルスを支援する仕事をすることになった。たまたまちょうどそのころ、新聞記事でべてるのことを知り、非常に興味を持ち、数々のべてる本を読むようにもなった。驚いたことに、上記の私の“認知行動療法像”とべてるの活動が、私にはぴったりと重なるように思われた。人が人として、自分を助け、他者と助け合って生きていくための数々のしかけが、べてるにはたくさんあるように思われたのである。また、べてるにおける妄想や幻覚の扱い方も、上記の私の疑問に対する一つの答えであるように思われた。

一方、企業に勤めるビジネスマンやビジネスウーマン、すなわち“健常者”といわれる人々を対象に仕事をし、彼ら彼女らの抱える悩みや問題を共有させてもらううちに、その悩みや問題は、精神科を受診するクライアントたちと何ら変わりはないこと、それどころかべてる本に出てくる“精神病を抱えて苦労している人々”と、ビジネスの第一線でしのぎを削っている人々が、本質的に同じ存在であることを、理屈ではうまく言えないのであるが、なぜか私の中では深く実感されたのである。「腑に落ちる」という表現が一番ぴったりくるであろうか。

後づけになるが、それが第1章で述べるヴィクトール・フランクルの「われわれが人生の意味を問うのではなくて、われわれ自身が問われた者として体験されるのである」[フランクル 1961]、「人生が私たちに出す問いは、たんに、そのときどきに応じてちがったものになるだけではありません。その人に応じてもまたちがったものになるのです。人生が出す問いは、瞬間瞬間、その人その人によって、まったくちがっています」[フランクル 1993] ということなのだろう、と今の私は考えている。

私は「現場大好き人間」なので、べてるの現場をこの目でぜひ見てみたい、と強く願うようになった。べてるの講演会が東京などで頻繁に開催されているのは知っていたが、べてるの活動が日々繰り広げられている現場、すなわち北海道の浦河まで出かけていって、上の私の実感が本当に合っているかどうか、確かめたいと強く願っていた。幸か不幸か 2003 年の夏、私は上記の民間企業を辞めることになり、失業してしまった。そこで「これはチャンスだ」と考え、浦河まで行き、2日間にかけてべてるを見学させてもらうことになった。

当時、見学から戻って作成したレポートおよび 2005 年に再度べてるを見学した際に作成したレポートは、付録として本書の最後に掲載したので具体的にはそちらを参照していただきたいが、数日間のわずかな滞在ではあれ、べてるの現場をこの目で見て、また数々のミーティングや SST のセッションに参加させてもらって、上の私の実感は間違っていないこと、いや間違っていないどころか、べてるの活動には認知行動療法のエッセンスが詰まっていること、しかも私たちが実践する認知行動療法よりはるかに豊かで楽しい実践が繰り広げられていることを知り、私は心から感動し、かつ大いにわくわくしてきた。

私たちの認知行動療法をもっと豊かにするためのヒントをべてるからいっぱいもらえそうな気がした。たとえば向谷地悦子さんがリーダーを務めたSSTを見学させてもらったが、セッションの構造を守りつつ、むしろ構造を"しかけ"として豊かに生かした形で、本当に楽しくかつ実のあるSSTが展開されているのを見て、「認知行動療法を楽しくやるって、こういうことなんだな」と実感したのを今でも鮮明に覚えている。

また、2003年の見学の際、私は今は亡き林園子さんに出会い、「当事者研究」について詳しく教えてもらう機会を得た。第1章および第2章で述べるように、当事者研究はまさに認知行動療法のエッセンスであると私は考えているが、それは林さんから当事者研究について教えていただいたことがきっかけになっている。当事者研究をライフワークにしていた林さんから直接お話を聞けたことは、私にとっては幸運だったとしか言いようがない。そう思うと、2003年の夏に自分が失業したこと自体が幸運に思えてくるのだから、不思議というか、まさに「べてる」的である。

また2003年の初訪問の際、荻野仁さんから、「全国からべてるに入りたい、べてるに入るにはどうしたらいいか」という問合せがひっきりなしにあるが、浦河町およびべてるのキャパシティからそのすべてを受け入れることはできず、断り続けている状況だというお話を聞いた。

そこで私が考えたのは、「べてる的活動は、この浦河でなければ、向谷地さんでなければ、べてるの当事者でなければできないものではないはずだ。誰もが自分の現場でべてる的活動ができれば、どこでもべてる的な場になり得るはずだ。しかしべてる的活動を、どういう考え方に基づき、どういうやり方でやったらいいか、それを示さなければ、『べてる的にやればよいのだ』と言われても、当事者や周囲の人は困ってしまうだろう。私たちの専門とする認知行動療法が役立つとしたら、この点においてなのではなかろうか」ということであった。

つまり、べてるのあり方や活動を、認知行動療法という視点から定式化することで、“べてる的”とはどういうことかを具体的に提示することができ、べてる的活動を目指す方々のお役に立てるのではないかと考えたのである。また、そのような視点からべてるについて考えることで、私たちの実践する認知行動療法がもっと豊かなものになるのではないかとも考えた。

格好つけて言えば、それは「べてると認知行動療法のインタフェース」ということになるが、とにかく私はずっとこのテーマについてあれこれと考え続けていた。そして2004年4月に「洗足ストレスコーピング・サポートオフィス」という認知行動療法を専門とする民間機関を立ち上げた際、スタッフに呼びかけて「べてるプロジェクト」を結成した。

またその後もべてる祭りに参加したり、再度浦河までフィールドワークに出かけたりもした。2005年に訪問した際には、図々しくも向谷地さんに時間をとってもらって話をうかがい、また私たちの考えをお伝えする機会を得た。それどころか川村先生にもインタビューさせてもらった。

あらためて見学したべてるの活動は、それを認知行動療法の視点から定式化することで、私たちがべてる的であろうとする人々の役に立てるのではないかと確信した。そのための足がかりとして、2006年11月に福岡県で開催された日本心理学会第70回大会にて、《「浦河べてるの家」を研究する（1）：「当事者研究」と認知行動療法との接点》というワークショップを企画し、私たちの「べてるプロジェクト」の趣旨を説明するとともに、吉野雅子さんにご自身の当事者研究について話題提供をしていただき、さらに向谷地生良さんに指定討論をしていただいた。

そしてその後も向谷地生良さん、向谷地宣明さん、浦河赤十字病院の川村先生、医学書院の白石さんと議論を続けるなかで、「べてると認知行動療法のインタフェース」について具体的に論を進めていった。こうしてまとめられたのが本書である。

本書の構成について説明する。

第1章では「べてると認知行動療法のインタフェース」の全体像について伊藤が概説する。まず、認知行動療法について事例を交えて簡単に紹介したうえで、べてると認知行動療法のインタフェースについての全体像を概説し、べてると認知行動療法に共通する"問題志向"という理念について論じる。なお、べてるの活動についてはここでは詳細に説明しない。読者の多くはべてるの活動についてよくご存知であると思われるし、あるいはそうでない方には、べてるの家が作成した書物やビデオを見ていただくほうがはるかに役立つと思われるからである。

第2章以降は各論である。第2章では引き続き伊藤が、べてるの当事者研究について認知行動療法のアセスメントに関連づけて論じる。第3章では山本真規子が、べてるのSSTについて、主に認知行動療法の問題解決法に関連づけて論じる。第4章では森本幸子が、べてるにおける幻覚や妄想の扱い方と、統合失調症の認知行動療法について比較検討する。第5章では吉村由未が、認知行動療法においてクライアントの日常生活をセッションに組み込むための重要なしかけであるホームワーク（宿題）と、べてるの活動が展開されている現場（すなわちべてるの日常）とを比較検討する。第6章では津高京子が、認知行動療法におけるセラピスト-クライアント間のコミュニケーションのあり方と、べてるにおけるコミュニケーションのあり方について比較検討する。

本書が、べてる的活動および認知行動療法に関心を持つすべての方々のお役に立てれば幸いである。

最後に、本書の執筆および取りまとめにあたり、きめ細かくおつきあいくださった医学書院の白石正明氏に対し、心から感謝の意を表したい。ありがとうございました。

2007年7月吉日

伊藤絵美

認知行動療法、べてる式。
目次

目次

「浦河べてるの家」とは

浦河べてるの家がある北海道浦河町は、日高の襟裳岬に近い太平洋岸沿いの人口1万5千人の小さな町です。日高昆布をはじめとする水産資源と、サラブレッドなど競走馬の産地としても名の知れた地域です。

浦河べてるの家は、浦河赤十字病院の精神科を利用する当事者と地域の有志によって1984年に開設された、生活と事業の拠点です。教会の古い会堂を借り受け住居として活用するとともに、そこで5人のメンバーが日高昆布の袋詰めの下請けを始めました。

1988年12月には、「地域への貢献」を旗印に10万円の元手で仕入れた日高昆布を産地直送で全国各地に出荷する事業を開始し、さらに地域のお年寄りに紙おむつの宅配をするサービスも手がけ、その後(1993年6月)、有限会社を設立し福祉用具や介護用品の販売を手がけるほか、病院の敷地管理や、地域の会社と連携してさまざまな仕事をするようになりました。

現在は、社会福祉法人と有限会社を合わせて、全国各地から集まった16歳から70歳までの約100人以上の当事者が活動し、地域の重要なサービス拠点となっています。また年間見学者は2,500人を超え、地域の有力な“地場産業”ともなっています。

幻聴や妄想を語り合う「幻覚&妄想大会」、統合失調症者のセルフヘルプグループ「SA: Schizophrenics Anonymous」等々の世界の精神医療の最先端の試みが、北海道の浦河という小さな町では既に根を下ろしていたことで注目を集めています。

1999年に日本精神神経学会第1回精神医療奨励賞、2000年に若月俊一賞(代表受賞・川村敏明)、2003年に毎日福祉顕彰、保健文化賞を受賞しました。

――― べてるの活動

社会福祉法人と有限会社からなる共同体である浦河べてるの家では、現在、以下のような組織で活動を行っています。

⇒社会福祉法人「浦河べてるの家」には、特産の日高昆布や書籍・ビデオ・グッズの製造・販売を行う《製造販売事業部》、見学者のオリエンテーションや研修を行う《地域交流事業部》、鮭などの水産物加工・農産・地域の清掃を行う《新鮮組事業部》、浦河町大通り四丁目にある店舗を運営する《四丁目ぶらぶらざ》という4つの大きな事業部と、主に回復者が住む3つのグループホームと4つの共同住居があります。

⇒有限会社「福祉ショップべてる」には、介護用品のお店《ぱぽ》をはじめ、紙おむつの宅配から介護保険のレンタル事業を扱う《福祉機器事業部》、法人本部・共同住居の大家さんとして建物の維持管理にあたる《建物管理部》、浦河赤十字病院からの委託業務や地域企業とのタイアップ事業に従事している《ワークサービス事業部》があります。

⇒メンバーは病院に入院している人もいれば、自宅、アパート、グループホームから通う人もいます。そこで暮らしの支援としては、まずヘルパーによる《家事援助》のほか、病院からの外出・同伴・買い物への同行サービスを行う《ピアサポート》があり、子育てに励む当事者のサポートを行う《家族支援》も行っています。

――― べてるキャッチフレーズ集

◆安心してサボれる会社づくり　◆「場」の力を信じること　◆偏見・差別大歓迎　◆三度の飯よりミーティング　◆べてるに来れば病気が出る　◆リハビリテーションからコミュニケーションへ　◆利益のないところを大切に　◆べてるの繁栄は地域の繁栄　◆病気に助けられる　◆弱さの情報公開　◆苦労を取り戻す　◆公私混同大歓迎　◆過疎も捨てたもんじゃない　◆そのまんまがいいみたい　◆べてるの家の無責任体制　◆弱さを絆に　◆手を動かすより口を動かせ　◆自分で付けよう、自分の病名　◆勝手に治すな自分の病気　◆べてるに染まれば商売繁盛　◆精神病より成人病　◆幻聴から「幻聴さん」へ　◆昇る人生から降りる人生へ　◆それで順調

著書、ビデオなど

『べてるの家の本』（べてるの家の本制作委員会編）、『べてるの家の「非」援助論』（医学書院）、『べてるの家の「当事者研究」』（医学書院）、『「べてるの家」から吹く風』（向谷地生良、いのちのことば社）、『安心して絶望できる人生』（向谷地生良/浦河べてるの家、NHK出版）、『ぱぴぷぺぽけっさく集』（鈴木裕子、エムシーメディアン）ほか。
ビデオシリーズに、『ベリー・オーディナリー・ピープル』（全8巻）と、『精神分裂病を生きる』（全10巻）、『べてるの家の当事者研究』（全6巻）。
関連本に、『悩む力』（斉藤道雄、みすず書房）、『とても普通の人たち』（四宮鉄男、北海道新聞社）、『降りていく生き方』（横川和夫、太郎次郎社）などがある。

●「べてる」の由来――「べてる」とは旧約聖書に出てくる地名で、「神の家」という意味です。ドイツにも同名の町があり、古くから障害をもった人が受け入れられ、暮らしています。第二次世界大戦中ナチスが障害者を抹殺しようとした際、住民が「彼ら・彼女らを連れて行くのであれば、私たちも」と命がけで守ったことでも有名です。
●「浦河べてるの家」URL――http://www18.ocn.ne.jp/˜bethel/

第1部
「べてるの家」と認知行動療法

第1章

「べてるの家」と認知行動療法のインタフェース

伊藤絵美

本章では、「べてるの家」と認知行動療法のインタフェースについて、その全体像を論じてみたい。まず認知行動療法について概説し、事例を紹介する。次にべてると認知行動療法のインタフェースにおけるエッセンスを提示する。最後に認知行動療法の個々の重要概念を通して、両者の接点をざっくりと検討する。各トピックについての具体的な検討は第2章以降で行う。

1-1 認知行動療法とは

―――― 認知行動療法＝自助の援助

認知行動療法（Cognitive Behavior Therapy：CBTと呼ばれることも多い）とは、当事者の自助力の回復や促進を目的とする教育的な心理療法である。もともとはうつ病の治療法としてアーロン・ベックが構築した認知療法と、学習理論の展開に伴って行動療法から発展した認知行動療法があるが、現在はそれらをひっくるめて「認知行動療法」と総称することが多い［A.T. Beck 1976、坂野1996］。

認知行動療法は現在、主にうつ病や不安障害といった精神疾患に対して治療効果が実証的に示されている心理療法として精神科領域で注目されているだけでなく、“健康”な人々のストレスマネジメントのための効果的な手法としても注目されている［伊藤 2005］。生きている限り、ストレスと無縁の人はいないはずである。その意味で認知行動療法は、特殊な人びとや病気を対象とした特殊な治療法ではなく、自分のストレスと上手につきあっていくために役に立つ考え方と方法でもあり、すべての人に役立つものとして考えることができる。

実際、筆者は、現在運営している民間相談機関にて、主に精神科の診断のつくクライアントに対して認知行動療法を実施するほかに、民間企業や官公庁に出向き、“健常者”とされる従業員の方々に対して認知行動療法の考え方や方法を紹介することがあるが、「これは自分のために使えそうだ」というフィードバックをいただくことが多い。

さらに、筆者は自分のために認知行動療法を日々実践し、自分自身のストレスマネジメントに役立ててもいる。このように自分のために認知行動療法を使っている臨床家は訊いてみると案外多い。つまり何らかの精神疾患を患う人も、社会で元気に働く健常者も、さらにサービスを提供する側の治療者や援助者も当事者たりうるのが認知行動療法の特徴である（以前、ある実習生が私たちの活動を見学して「お料理教室みたいだ」との感想を述べた。確かに料理教室の先生は生徒に料理を教えもするが、同時に、日常的に自らのために料理をするだろう。それと似た感じかもしれない）。

――――― 認知行動療法の基本モデル

本章で以下に紹介するのは、認知行動療法を治療や援助において専門的に実践する際の考え方や方法である。しかし実際には上記の通り、認知行動療法はすべての人びとに開かれた自助のための援助法であるという前提を読者の方々には覚えておいていただきたい。

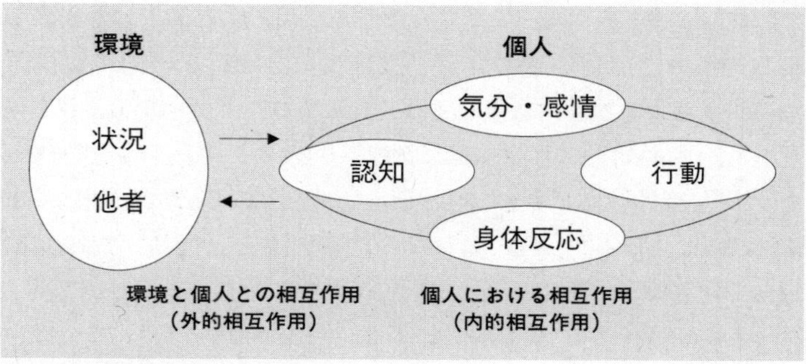

［図 1-1］ 認知行動療法の基本モデル

認知行動療法で必ず用いる基本モデルを［図 1-1］に示す。

このモデルの特徴は、環境（状況、他者）と個人（すなわち当事者）との相互作用を把握し、そのうえで個人の体験を、認知、気分・感情、身体反応、行動の四つに分けて、それらの相互作用を把握できるようになっていることである。つまり認知行動療法ではこのような基本モデルを通じて、当事者の抱える問題を二重の相互作用という視点からダイナミックに理解しようとする。

何らかのストレス体験から抜け出せないときは、これらの相互作用が悪循環に陥っていることが多い。したがってそのような場合、このモデルを使ってどのような悪循環が起きているのかを援助者と当事者がともに理解し、そこから抜け出すための作戦を練ることになる。その際ポイントとなるのが、「認知」と「行動」である（「認知」とは頭に浮かぶ考えやイメージのことである）。悪循環から抜け出すためにすべての要素を変える必要はない。ぐるぐると迷路に迷い込んでいるようなものであるから、どこか突破口を探し、そこから脱出できればよいのである。

モデルの要素のうち、「環境」は自分で好きなように変えることはできない（嫌な上司を「いい人」に変えることはできないし、すでに起きてしまった出来事を「なかったこと」にはできない)。また個人にかかわる要素のうち、「気分・感情」と「身体反応」は意志の力でコントロールすることが非常に難しく、それらをコントロールしようとするとむしろ逆効果にもなりかねない(不安やイライラといった気分を意志の力で解消することはできないし、眠れないときに「眠ろう」と思うと、かえって眠れなくなることが多い)。しかし「認知」と「行動」であれば、自分で何とか工夫をしたり、選択肢を増やしたりすることができる(じゃんけんを例に考えてみるとよい。人はじゃんけんをするとき、グー・チョキ・パーのどれを出すかとっさに頭の中で選択し、行動に移しているはずである)。

認知行動療法では、悪循環における「認知」と「行動」に焦点を当て、それらをどのように修正したり工夫したりすれば悪循環から脱出できるのか、援助者と当事者がともに知恵を出し合って作戦を練る。それが「認知行動療法」という呼び名の由来である。

認知行動療法にはさまざまな技法がある(例:認知再構成法、問題解決法、曝露法、曝露反応妨害法、リラクセーション法、呼吸コントロール、セルフモニタリング、活動スケジュール法、イメージ技法など)。これらの技法はすべて何らかの形で認知と行動を工夫するための専門的な手法である。しかし何も専門的な技法を使うことだけが認知行動療法ではない。当事者の体験を上記の基本モデルに沿って理解し、悪循環から抜け出すために何らかの認知的工夫と行動的工夫を意図的に試みれば、それはもう立派な認知行動療法である。筆者はこのように、認知行動療法を幅広く、柔軟にとらえたいと考えている。

――― コーピングレパートリーを広げる

上で筆者は“認知的工夫”“行動的工夫”と書いたが、これは“ストレスコーピング”もしくは“コーピング”と言い換えることができる。コーピングとは、ストレス状況やストレス反応に対して意図的に実施される認知的な工夫および行動的な工夫のことである[Lazarus & Folkman 1984]。

ストレスに関する諸研究によって明らかにされたのは、どのコーピングが良くどのコーピングが悪いということではなく、その時々の状況や状態に応じて効果的なコーピングが何であるかは変わってくるということ、したがって一つのコーピングに固執するのではなく、多種多様なコーピングを柔軟に使い分けるのが望ましいということである[小杉 2002]。自分の手持ちのコーピングのことを“コーピングレパートリー”と言うが、使えるコーピングの手持ちを増やしておく、すなわちコーピングレパートリーを広げることが、ストレスと上手につきあうためには有効である。

ということは、認知行動療法が目指すのは、ある特殊な技法の習得というよりは、当事者の認知的コーピングおよび行動的コーピングを増やすことであるといえる。当事者のコーピングレパートリーを広げ、個々の状況に応じて手持ちのコーピングを柔軟に活用できるようになれば、それでよいのである。もちろんレパートリーのなかに、認知再構成法や問題解決法といった認知行動療法の技法を加えることもできる。当事者がそれを望む場合は、それらの技法を練習してもらえばよい。

またここで強調しておきたいのは、他者のコーピングレパートリーを広げる手伝いをする援助者もまた、自身のコーピングレパートリーを広げておく必要があるということである。本章の冒頭で述べたとおり、認知行動療法は自助を援助するための教育的な心理療法である。したがって援助者自身が自分のために認知行動療法を使いこなせるようになっておく必要がある。しかしこれも堅苦しく考える必要はない。援助者もさまざまなストレスを抱えながら仕事をし、生活をしている一人の当事者である。したがって自分の抱える悩みや問題やストレスを、認知行動療法のモデルに沿って理解し、認知的コーピングと行動的コーピングをその都度選択し、活用できればよいのである。それができてこそ援助者は、クライアントのコーピングレパートリーを広げる手助けができるのではないだろうか。

―――― 協同的問題解決としての認知行動療法

援助者と当事者で行う認知行動療法は、「協同的問題解決」の試みであると考えるとわかりやすい[伊藤 2001、2005]。これは、当事者が抱える悩みや苦労や問題に対し、援助者と当事者が問題解決チームを組んで取り組んでいくということである。

従来の心理療法の多くは、援助者と当事者が“向き合う関係”、すなわち二者関係をつくる[図 1-2 A]。しかし認知行動療法では援助者と当事者は互いに向き合うのではなく、同じチームのメンバー同士として“横並びの関係”をつくる。そして一つのチームとして当事者が抱える悩みや苦労や問題に向き合う。つまり当事者と援助者、そして「問題」という三者関係をつくるのである[図 1-2 B]。

援助者と当事者が見つめあうのではなく、二人して当事者の抱える問題を一緒に眺める、そして問題について話をするだけでなく、何とかしてその問題を乗り越えるために、すなわち問題を形成している悪循環から抜け出すために、協同作業を進めていくのである。

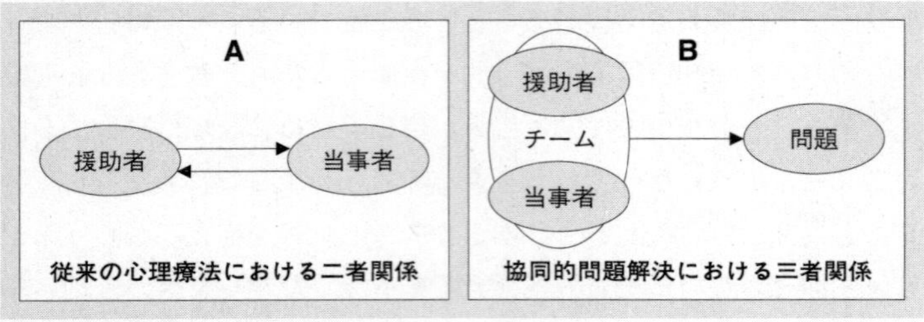

[図 1-2] 心理療法における関係性

構造化

協同的問題解決としての認知行動療法は、進め方の段取りがある程度決まっており、それを実践することを“構造化”と呼ぶ。認知行動療法では、ケース全体の流れにも、1回のセッションの流れにもそのような段取りがあり、セラピストが構造化をしっかりと行うことを重視する［J.S. Beck 1995、伊藤 2005］。

ケース全体の流れは、［図 1-3］のように構造化されることが多い。

この全体の流れにどれぐらいの回数や期間がかかるのかはケースバイケースであるが、重要なのは回数や期間ではなく、今の自分たちの“立ち位置”（今、全体の流れのなかのどこにいるのか）についての認識を、援助者と当事者が共有することである。援助者はケース開始時にこの全体の流れを当事者に示し、この流れに沿ってケースが進んでいくようマネジメントする責任を有する。その意味では、認知行動療法は、はじめから“終結”を明確に想定して開始する心理療法であると言える。なお下図の「7」における「自己治療」とは、

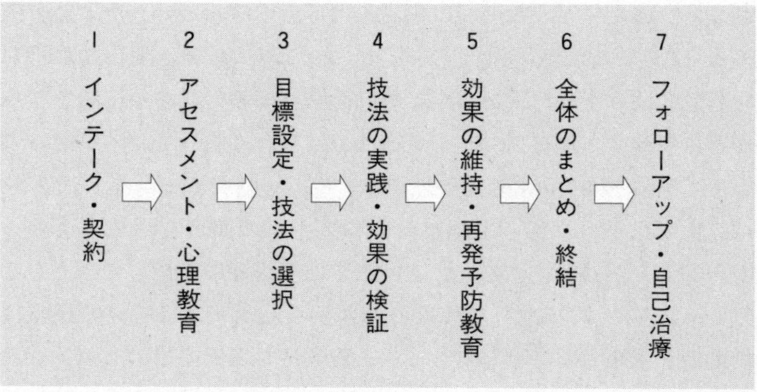

［図 1-3］認知行動療法のケース全体の構造

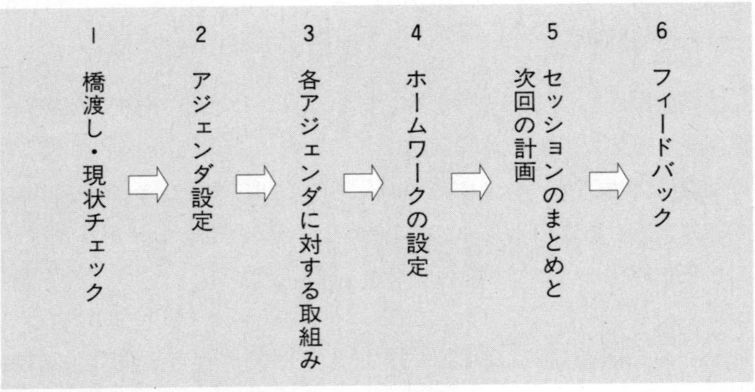

[図 1-4] 認知行動療法の 1 回のセッションの構造

終結後に当事者が自分のために認知行動療法を継続することを意味する。

次に認知行動療法における1回のセッションの構造を［図 1-4］示す。

「1」の「橋渡し」とは前回のセッションから今回にかけて、大きな変化や出来事があったかどうかをチェックするという意味である。「2」の「アジェンダ設定」では、そのセッションで何について話し合うのか、どんな問題に焦点を当てるのか、といったことを決める（アジェンダとは「項目」「議題」といった意味である）。限られた時間を有効に使うために、あらかじめ計画を立てるのである。話をなりゆきに任せず、先にアジェンダを決め、それに沿って時間を使っていくことを認知行動療法では重視する。一度アジェンダが決まれば、あとはそれに沿って話し合いやスキルの練習を行えばよい。セッションが終盤に入ると、次回までに当事者に練習してきてもらうホームワーク（宿題）を決める。もちろんホームワークの課題は援助者と当事者とで話し合って決める。そしてその日のセッションを振り返り、次回の計画をざっくりと立てる。「6」の「フィードバック」とは、セッションに対する感想や意見や疑問などを当事者に話してもらうという意味である（ケース全体の構造化、およびセッションの構造化のためのコミュニケーションスキルについては、[伊藤 2005、2006] を参照されたい）。

何のために認知行動療法ではケース全体の流れや1回のセッションをこのように構造化するのだろうか。実際には、構造化にはさまざまな意味や目的があるが、その最大の目的は、構造によって当事者および援助者を“守る”ことである。

構造とは枠組みである。枠組みはある種の制約であるが、制約があることで、我々は「今、自分たちはどこにいるのか」「今、自分たちは何をしているのか」「自分たちはどこに向かおうとしているのか」「自分たちは次に何をするのか」といったことを、明確に理解し、共有することができる。心理療法とは物づくりとは異なり、目に見えない“こころ”に焦点を当てる営みである。しかもそれを治療者やカウンセラーという第三者とともに行おうというのである。当事者にとってこれはかなり恐ろしいことなのではないだろうか。

そのなかで少なくとも、1回のセッションがどのようにして進んでいくのか、全体の流れはどのようなものであるか、そういったことが明確に示され、その時々の立ち位置を共有できるということは、当事者にとってはかなりの“守り”になると思われるし、援助者にとっても助かることである。実際、「流れが見えているので安心できる」「何をすればよいのかわかるのでホッとする」といったフィードバックをクライアントからもらうことは多い。

構造化は地図のようなものである。“こころ”という目に見えない対象を扱うにあたって、手探りで協同作業するのはあまりにも心もとないが、地図があれば安心だし、たとえ迷っても地図を一緒に眺めて自分たちの居場所を確認できる。その意味で、構造化は“守り”として機能するのである。

さらにもう一つ、構造化には重要な目的がある。それはセッションにおける構造化を繰り返し体験するなかで、当事者が、セッション以外の時間の流れ、すなわち日常生活における時間の流れを上手に構造化できるようになることである。認知行動療法を通じて構造化が“守り”になることを学んだ当事者は、日常生活に流れる時間そのものを自分自身のために構造化できるようになる。つまり当事者は構造化のスキルを身につけ、日常生活で使えるようになることで、さらに上手に自分自身を守ったり助けたりできるようになるのである。

ソクラテス式質問法に基づく双方向的コミュニケーション

認知行動療法におけるコミュニケーションは双方向的であるという特徴を有する。従来の心理療法におけるコミュニケーションでは、“傾聴・受容・共感”ということが強調されることが多い。クライアントが自らのこころの内を自由に語り、語りながら何かを感じたり、何かに気づいたり、気持ちが整理されたりしていくのを、セラピストはひたすら傾聴することによって受け止める。このような従来のコミュニケーションを認知行動療法は否定するわけではないが、協同的問題解決のプロセスを進めていくためには、もう少し積極的なコミュニケーションをとる必要があると考える。

また“自由に語れる場と時間”が確保されただけで、気持ちを整理したり、新たな見通しを獲得することのできるクライアントであれば、このような従来のコミュニケーション法で十分であろう。しかし実際には、自由に語るだけでは効果が見られなかったというケースは数多く存在する。「話は聞いてもらったけれども、何も変わらなかった」と言って、認知行動療法を希望して来談するクライアントも非常に多い。また“自由に語れる場と時間”をかえって脅威に感じるクライアントも多い。そのような場と時間を提供されても、「何をどう語ってよいか」わからないし、それによってかえって混乱したり動揺したりするのである。そもそも何ら個人的な関係のない目の前のカウンセラーを相手に「自分のことを自由に話す」ということ自体が脅威かもしれない。

クライアントは何らかの問題を抱え、それを何とかしたいと思って来談する。そうであれば、その問題について一緒に検討していけるようなコミュニケーションのあり方そのものを提供するのが、援助者の役目なのではないだろうか。

そこで認知行動療法で重視するのが“双方向的コミュニケーション”である。これは、一方が話して一方が聴くというコミュニケーションではなく、両者が互いにやりとりをするコミュニケーションである。もちろん自由に話をするなかでそのようなやりとりができればよいのだが、特に認知行動療法を開始して間もないころは、当事者は落ち込んでいたり、途方に暮れていたり、混乱していたり、不安でたまらなかったりして、とても自由なやりとりができる状態にないことが多い。そこで必要となるのが、援助者からの“問い”である。

援助者が的を射た質問をすることによって、当事者はその質問を内在化し、問われたことを今度は自らに問いかける。つまり他者からの質問を自問に置き換えるのである。そして自問によって導き出された答えを援助者に伝える。援助者はその答えをそのまま受け止め、さらにその答えについてさらなる問いかけをする。このような、「援助者からの問い→当事者の自問→当事者からの回答→援助者からのさらなる問い→当事者のさらなる自問→当事者からのさらなる回答……」というやりとりを、認知行動療法ではひたすら続けていく。

その際、ポイントとなるのが質問の仕方である。認知行動療法では“ソクラテス式質問法”と呼ばれるコミュニケーション技法を多用する。これは、かのソクラテスが市井の人びとと対話する際に用いたといわれる質問法に由来する。ソクラテスが用いたとされているのは、相手の自問を促し、相手が自ら答えを導き出したり、新たな気づきを得られるような質問である。認知行動療法において援助者はそのような質問を意図的に用いて、当事者の自問や回答を促し、活発なやりとりを構築しようとする。

認知行動療法におけるソクラテス質問法のコツは、[図1-1]に示した認知行動療法の基本モデルに沿って、いわゆる“開かれた質問”をすることである。たとえば「調子はいかがですか？」というのは開かれた質問であるが、ソクラテス式質問ではない。一方、「この1週間、体調はいかがでしたか？」「その出来事が起きたとき、あなたの頭にはどんな考えが浮かびましたか？」「そう考えて、あなたはどんな気分になったのですか？」といった質問はソクラテス式質問である。

「この1週間、体調はいかがでしたか？」という質問は、基本モデルにおける「環境」と「身体反応」の関係について尋ねた開かれた質問である。「その出来事が起きたとき、あなたの頭にはどんな考えが浮かびましたか？」という質問は、基本モデルにおける「環境」と「認知」の関係について尋ねた開かれた質問である。「そう考えて、あなたはどんな気分になったのですか？」という質問は、基本モデルにおける「認知」と「気分・感情」の関係について尋ねた開かれた質問である。

これらは開かれた質問であるが、同時に非常に具体的である。具体的に問われると、問われた側も具体的に考えることができる。やりとりが具体的であるとコミュニケーションが活性化する。具体的な内容について自問することで、当事者は新たな気づきを得やすくなる。認知行動療法では、このように基本モデルに沿った開かれた質問を重ねていくことで、双方向的なコミュニケーションを構築していくのである。

「自由に話してください」と言われても、何をどう話したらよいのかわからなくて立ちすくんでしまうような当事者も、具体的な質問をされれば、それについて考え、答えることができる。そして自分が回答したことが援助者に受容的に受け止められ、さらに具体的に質問されれば、当事者の自問自答もさらに展開していく。そのなかでさまざまな気づきを得たり、問題が整理されたり、新たな見通しが立ったりする。また双方向的なやりとりは、それ自体が当事者と援助者の頭と心を活性化する。暗く沈んでいたはずなのに、そのようなやりとりをしているうちに、気持ちがスッキリしたり明るくなったりすることも多々ある。

文章ではなかなか表現しづらいが、実際に認知行動療法のセッションでは、話の中身はネガティブなことであっても、なぜか対話の雰囲気は楽しい、ということがよくある。つらい話なのに、話をすること自体はなぜか楽しいのである。そのような場こそ、当事者にとっては“脅威”ではなく、“自分を語れる場”として貴重な場となるのではなかろうか。“ソクラテス式質問法に基づく双方向的コミュニケーション”は、そのような場を実現するための重要な“しかけ”であると筆者は考えている。

以上、認知行動療法について、特にその理念や原則にかかわる重要な点を解説した。認知行動療法は体系的な心理療法であり、他にもさまざまな理念、原則、考え方、方法を有する。そのすべてを紹介するのが本書の目的ではないので、認知行動療法になじみのない読者の方には、少なくとも現時点では、認知行動療法における重要な理念や原則として、二重の相互作用による基本モデル、協同的問題解決、構造化の重要性、双方向的コミュニケーションの4点について大ざっぱにご理解いただければ幸いである。

1-2 事例紹介 A子さんと実施した認知行動療法

本節では、認知行動療法の事例を紹介する。なお本事例は十数年前に実施されたもので、筆者が今よりももっと未熟な援助者だったころ（はっきり言って“新米心理士”だったころ）に担当したものである。なおクライアントのプライバシー保護のため、かなりの改変を加えていることをあらかじめお断りしておきたい。

▶クライアントの概要

クライアントはA子さん、女性、20代後半、会社員、独身、一人暮らしをしている。

▶認知行動療法が開始されるまでの経緯

一人暮らしを始めた4年ほど前からリストカットが習慣化していたが、半年前からつき合い始めた交際相手の男性にリストカットの傷跡を見とがめられ、「そんなことをするのは精神的におかしいからだ。頼むから精神科で治療を受けてほしい。そうでなければ別れる」と言われたため精神科を受診し、通院服薬を開始するも、リストカットが一向におさまらず、主治医より心理療法を勧められ、筆者が紹介された。

──── インテーク面接

まずインテーク面接（受入れ面接）が行われることになり、筆者ははじめてA子さんにお会いした。A子さんは小柄でかわいらしいお嬢さんといった感じであったが、面接室では身体を硬くし、警戒するように筆者を上目づかいに見ていたのが印象に残っている。

インテーク面接では、現状やこれまでの経緯、家族歴、生活歴などを大ざっぱにうかがったうえで、主訴（今、抱えている問題）について話をしてもらった。

それによると、A子さんは両親と兄、姉の5人家族で順調に育ち、学校での適応も良好で、大学を卒業後、現在の会社に就職し、企画の仕事をしており、それなりに責任のある仕事を任されている。4年前から一人暮らしを始め、半年前に彼と交際を始めた。リストカットは一人暮らしを始めた後からときどきしていたが、彼との交際を始めた半年前から頻繁になり、あまりひどい傷にならないよう気をつけてはいたものの、彼に気づかれてしまい、上述のように精神科を受診させられたとのことである。またインテーク面接の際、抑うつ状態を検査したところ、中程度のうつ状態であるとの結果が出た。

筆者がリストカットについてどう考え、今後どうしたいのかをA子さんに問うと、「気づいたら習慣のようになっていたんです。自分でもよくわからないんだけれども、やるときはどうしてもやっちゃうんです。だから『やめろ』と言われて、簡単にやめられるものでもないし、実はやめたいとも思っていないんです。でも彼と別れるのは絶対に嫌なんです」ということであった。

自殺念慮について問うと、「リストカットで死ねるとは思っていません。でも死にたいと思うことはときどきあるし、リストカットするときもたぶん死にたいと思っているんだと思う」との回答であった。

さらにこの件で心理療法を受けることについてA子さんの考えを問うと、「正直言って気がすすみません。他人なんかに私のことがわかるはずがありません。でも彼と別れたくないから仕方なく来たんです」という回答であった。

ここで筆者はＡ子さんに対して認知行動療法について大ざっぱに説明したうえで、次のように伝えた。

「あなたにやめる意志がないのであれば、リストカットをやめることを目的に認知行動療法を始めることはできません。それに『他人なんかに私のことがわかるはずない』とおっしゃいましたが、それもその通りかもしれません。私にできるのは、あなたが自分のリストカットを自分で理解し、今後それについてどうしていくかをあなた自身が決めるためのお手伝いだけだと思います」

「もし認知行動療法を始めることになったら、まず何をするかというと、どんなとき、どんなふうにあなたがリストカットをしてしまうかを、私とあなたで一緒に調べていくということです。これは“アセスメント”と言います。認知行動療法ではこのアセスメントが非常に重要で、リストカットがどういうメカニズムで起きているかをまず具体的に理解する必要があるのです。あなたがリストカットをやめたくないのであれば、まずアセスメントを行って、あなたのリストカットのメカニズムを明らかにするところまでを一緒にやってみませんか？ メカニズムが明らかになった時点でリストカットをどうするか、あらためて検討すればよいのではないでしょうか」

Ａ子さんはこの説明を聞いて少しホッとした様子を見せ、しばらく考えた後、「アセスメントをするだけであれば、カウンセリングを受けてみたい」との結論を出した。

インテーク面接の最後に、筆者が「さっきも申し上げたとおり、リストカットのメカニズムを明らかにするのが今の私たちの目的です。なので、『積極的にリストカットしてください』とも『今後一切リストカットはやめてください』とも私からは申し上げるつもりはありませんが、もしそのようなことが起きてしまったら、そのときの自分をよく観察してください。また今はそういう段階なので、認知行動療法を始めたからといってすぐにリストカットがなくなるわけではない、ということを、彼にも伝えてください」と申し上げると、A子さんは「わかりました」と言って、その日はじめて笑顔を見せた。

A子さんとの認知行動療法の経過❶アセスメント

その後筆者とA子さんはセッションを重ね、前節で紹介した認知行動療法の基本モデルを用いて、A子さんのリストカットがどのようにして生じるのか、そのメカニズムを明らかにしていった。

当初、A子さんにとってリストカットは、「何かがうまくいかないと、気持ちがウワーッとなってしまい、気づいたらやってしまっている」というものであった。認知行動療法が開始されたころ、A子さんは頻繁にリストカットをしていたので、エピソードが起きるたびに筆者はソクラテス式質問法を使って、「その日、どんなことがあったのか」「いつ、どこにいて、それはどんな状況だったのか」「どんな状況で、リストカットのことが頭に浮かんだのか」「そのときどんなことが頭に浮かんでいたか」「そう考えたら、どんな気分になったか」「その気分の強さはどれぐらいだったか」「そのとき身体にはどんな反応があったか」「そう考えながら、実際には何をしていたのか」といったことをA子さんに問い、「次にもしリストカットしそうになったら、認知行動療法のモデルに沿って、今はどういう状況なのか、今の自分に何が起きているのか、細かく自己観察してきてください」という課題を繰り返し依頼した。

モデルを用いたセッションでのやりとりと、日常生活における自己観察をこのように繰り返すうちに、A子さんのリストカットのメカニズムが次第に具体化されていった。それを筆者とA子さんとで一緒にアセスメントシートにまとめあげていった。それが[図1-5]である。

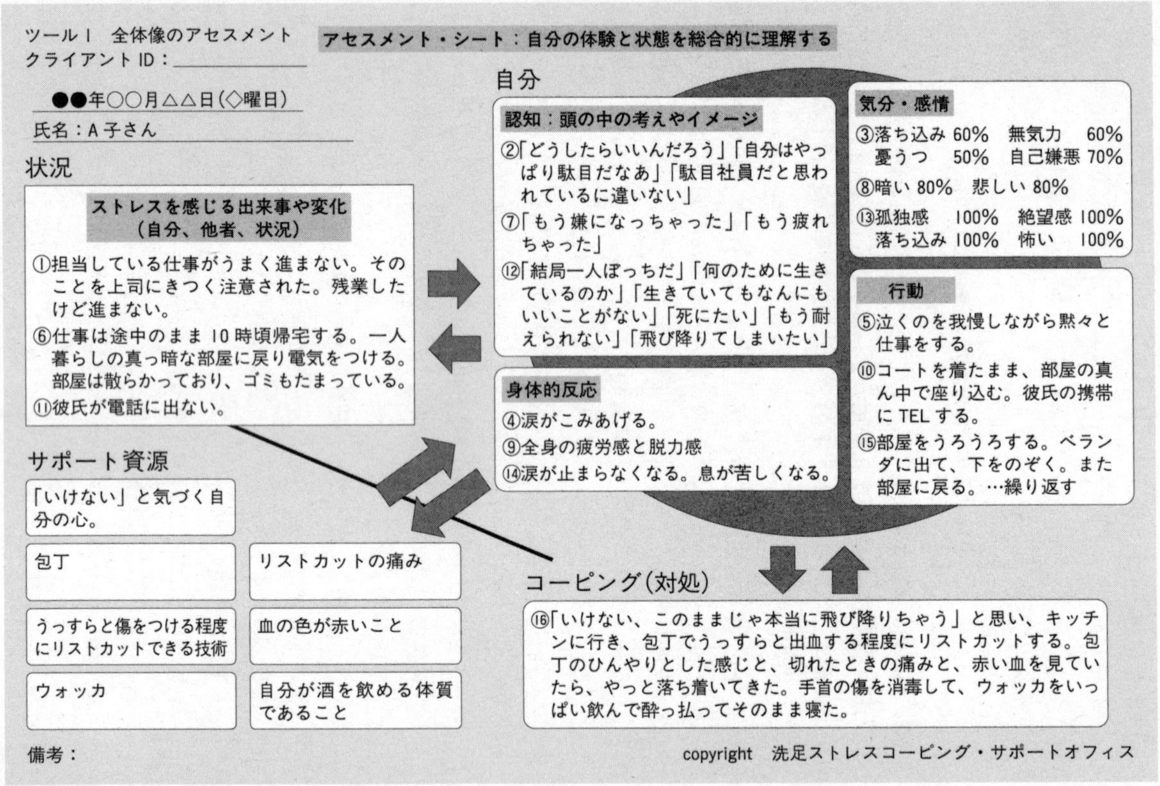
ツール1　全体像のアセスメント
アセスメント・シート：自分の体験と状態を総合的に理解する
クライアントID：
●●年○○月△△日(◇曜日)
氏名：A子さん
状況
ストレスを感じる出来事や変化（自分、他者、状況）
①担当している仕事がうまく進まない。そのことを上司にきつく注意された。残業したけど進まない。
⑥仕事は途中のまま10時頃帰宅する。一人暮らしの真っ暗な部屋に戻り電気をつける。部屋は散らかっており、ゴミもたまっている。
⑪彼氏が電話に出ない。
自分
認知：頭の中の考えやイメージ
②「どうしたらいいんだろう」「自分はやっぱり駄目だなあ」「駄目社員だと思われているに違いない」
⑦「もう嫌になっちゃった」「もう疲れちゃった」
⑫「結局一人ぼっちだ」「何のために生きているのか」「生きていてもなんにもいいことがない」「死にたい」「もう耐えられない」「飛び降りてしまいたい」
気分・感情
③落ち込み 60%　無気力 60%
憂うつ 50%　自己嫌悪 70%
⑧暗い 80%　悲しい 80%
⑬孤独感 100%　絶望感 100%
落ち込み 100%　怖い 100%
身体的反応
④涙がこみあげる。
⑨全身の疲労感と脱力感
⑭涙が止まらなくなる。息が苦しくなる。
行動
⑤泣くのを我慢しながら黙々と仕事をする。
⑩コートを着たまま、部屋の真ん中で座り込む。彼氏の携帯にTELする。
⑮部屋をうろうろする。ベランダに出て、下をのぞく。また部屋に戻る。…繰り返す
サポート資源
「いけない」と気づく自分の心。
包丁
リストカットの痛み
うっすらと傷をつける程度にリストカットできる技術
血の色が赤いこと
ウォッカ
自分が酒を飲める体質であること
コーピング(対処)
⑯「いけない、このままじゃ本当に飛び降りちゃう」と思い、キッチンに行き、包丁でうっすらと出血する程度にリストカットする。包丁のひんやりとした感じと、切れたときの痛みと、赤い血を見ていたら、やっと落ち着いてきた。手首の傷を消毒して、ウォッカをいっぱい飲んで酔っ払ってそのまま寝た。
備考：
copyright　洗足ストレスコーピング・サポートオフィス

[図1-5] A子さんと作成したアセスメントシート

アセスメントを通じて、A子さんはリストカットをしそうになったり、実際にリストカットをするなかで、認知行動療法のモデルに沿って自分を細かに観察できるようになった。そして自己観察の内容を筆者とともにツールに書き入れ、徐々に精緻化していくなかで、1回1回のリストカットが、実に複雑で多様な要素から成っていることを実感し、驚いていた。さらに[図1-5]のようにアセスメントシートにまとめてみた結果、リストカットが単なる“問題行動”ではなく、むしろ自分を助けるための“コーピング”としてとらえることができるということがわかり、A子さんはさらに驚いた。

[図1-5]のアセスメントシートを眺めながら、「今までは、わけがわからなくなってリストカットしていると思っていたけれど、心と身体がすごく苦しくなって、部屋から飛び降りちゃいそうになって、それを止めるためにリストカットしているんだ、ということが自己観察をしてみてよくわかった。リストカットしていたから死なずに済んでいたのかもしれない。そのことがわかってびっくりした」とA子さんは語った。また、「ここで先生から細かく聞かれるので、リストカットしそうになると、『あ、また先生に聞かれる！自己観察しなきゃ』と思って、だんだん自分を観察するということがその場でできるようになっていったと思う」とも述べていた。

A子さんは時間をかけてアセスメントしているうちに、認知行動療法の基本モデルに沿って自分を観察する視点を持つようになり、そのぶん状況や自分の体験を、距離を置いて客観視できるようになった。またアセスメントシートに外在化された自分のパターンを筆者と共有したり、何度も自分で見返したりしているなかで、「一見ちっぽけに見える小さな出来事のなかにも、実はいろんなことが起きている」ということを実感したA子さんは、たとえ不快な出来事やつらい出来事であっても、そのなかで「今、自分はどんなことを体験しているのだろうか」と自問し、個々の認知、気分・感情、身体反応、行動を大事に体験できるようになっていった。

たとえば「もう嫌になっちゃった」「生きていてもなんにもいいことがない」とぐるぐる考え、悲しい気分や絶望感が生じ、涙が流れているとき、そのような反応が自分に起きていることに自ら気づきつつ、それらの反応を抑え込もうとせずにそのまま体験するといった感じである。この場合、それらのネガティブな反応が解消されるわけではないが、気づきながら反応しているぶん、A子さんに余裕が出てきた。こうなると、リストカットでコーピングをせずに何とかしのげるようなときも出てきた。

ただし、これでリストカットの頻度が激減したわけではなく、相変わらずそれなりの頻度でA子さんはリストカットを続けていた。しかし、筆者とA子さんの間では、リストカットがコーピングであるとの認識を共有していたので、リストカットをしたから問題だということではなく、むしろいかに傷跡を残さずに上手に切れるかとか、いかにさっさとリストカットを終えて、次のコーピングである飲酒（A子さんのもう一つのコーピング、[図1-5] を参照）に持ち込めるか、といった話し合いをすることが多くなった。それに伴い、彼からリストカットについてとがめられたり、別れを持ち出されることもだいぶ少なくなった。ただしうつ状態は相変わらず中程度のままであった。

またA子さんは、[図1-5] のアセスメントシートが出来上がってから、「なぜ自分はちょっとしたことで、こんなにもひどく落ち込んでしまうのだろう」「なぜ自分はこのぐらいのことで、『死にたい』とか『もう耐えられない』とか、ここまで思ってしまうんだろう」と疑問に思い始めた。A子さんによれば、「何の問題もない」家庭に育ち、「何の問題もなく」大学まで卒業し、しかも希望する会社に就職し、「何の問題もない」彼氏がいるというのに、なぜ自分が飛び降りそうになるぐらいひどい状態に陥ってしまうのか、不思議でたまらなくなってきた、というのである。

結局この件については、筆者とA子さんでいくら話し合ってもよくわからないままであった。そしてとりあえずの結論として、「この問題は、A子さんにとっての“大きな謎”として大事に取っておこう」ということになった。

――――A子さんとの認知行動療法の経過❷コーピング

このようにアセスメントがひと通り終わり、[図1-5]のようなリストカットのメカニズムが共有された時点で、筆者からは、(1)この図に記載された認知や行動を別の方向に持っていくために、たとえば認知再構成法や問題解決法といった技法を練習することもできるし、(2)アセスメントを通じて上記のとおり少しずつ変化が生じてきていたのでこのまま様子を見ることにすることもできると説明した。また、(3)コーピングレパートリーという考え方について説明し、この図のような悪循環にはまってしまったときのコーピングをリストカット以外にも増やしておき、コーピングレパートリーを広げることがA子さんの役に立つかもしれないと説明した。

A子さんは第3の提案（コーピングレパートリーを広げる）に興味を示し、その後は、この図のような悪循環にはまりかけたとき、あるいははまってしまったときに、どのような認知的コーピングや行動的コーピングが実践できるか、ということについてセッションで案を出し合い、A子さんが実生活でそれらを実験し、次のセッションで結果を報告し、役に立つコーピングをリスト化する、という作業を行った。それらをまとめたのが[図1-6]のコーピングシートである。

[図1-6]には、A子さんと筆者で考えたさまざまなコーピングのうち、A子さんが実験してみて「まあまあ役に立つ」と思えたもの

コーピングシート
クライアント ID：＿＿＿＿＿＿＿

コーピングシート

問題状況に備えて、そのときに自分に何と言ってあげるとよいか、何をするとよいか、についてあらかじめ考えておくことが、役に立つ場合があります

氏名　A 子さん　　記入年月日　●●年　○○ 月　△△ 日（ ◇ 曜日）

予測される問題状況（できるだけ具体的に記入します）

・仕事がうまく進まず、上司に注意され、夜、一人で部屋にいる。彼氏に電話がつながらない。

予測される自分の反応（感情、認知、行動、身体）

・ネガティブな自動思考や気分に次々とおそわれる。涙が止まらなくなり、どうしていいかわからなくなる。部屋をうろうろしたり、ベランダに出て下を見て、飛び降りたくなり、それを止めるためにリストカットをし、大量のウォッカを飲む。

そのときの自分に何て言ってあげるとよいか？

・「しょうがないよ～。誰にだってこういう日ってあるんだから」
・「嫌になっても疲れちゃっても人は何とか生きていくもんだ。私は本当に死にたいわけじゃない。生きるのがときどきつらくなるだけだ」
・「ネガティブな思考も感情もすべて自分のもの。逃げずにそれらを観察し、受け入れてしまおう」
・「カウンセラーと一緒に考えた、さまざまなコーピングを試すチャンスだ。今の自分にはどのコーピングが効くかな？」
・「いざとなったら前みたいに手首を切って、ウォッカを飲んで寝てしまえばいい。これまでそれでしのいできたじゃない！」

そのときの自分は何をするとよいか？

・ソファに座って呼吸法（腹式呼吸をゆっくりと繰り返し行う）をする。
・頭に浮かぶ自動思考や、心に感じる気分を、避けようとせず、そのままに感じ、それを声に出して「実況中継」する。
・新聞紙や雑誌を、手でビリビリ小さくちぎって、紙くずの山を作る。
・しみじみと泣く。
・ぬいぐるみを抱いて撫でる。
・風呂に入る。
・赤いボールペンで手首に強く線を引く（何本でも）。
・冷蔵庫にある野菜を全部、みじん切りにする。
・ウォッカをいろいろな飲み物で割って、ゆっくりと味わって飲む。
・リストカットは「最後の手段」として大事に使う。

備考：

[図 1-6] A 子さんと作成したコーピングシート

だけが記載されている。A子さんはコーピングレパートリーを広げるという考え方を非常に気に入り、さまざまなアイディアを積極的に出しては、「これはうまくいった。これはうまくいかなかった」と楽しそうに報告してくれるようになった。特にA子さんが気に入ったのは、「ネガティブな思考も感情もすべて自分のもの。受け入れよう」と自分に語りかけ、さらにそれらの思考や気分を“実況中継”しつつ、新聞紙などを手で細かくちぎって紙くずの山を作る、という“合わせ技”であった。紙くずの山ができることで、「コーピングした！」という達成感があるのだそうだ。

ここでもリストカットを否定することはせず、“最後の手段”として大事に取っておくことにした。ただし「取っておく」ということは、[図1-5]のような悪循環にはまっても、まずは他のすべてのコーピングを試し、それが駄目だったらリストカットをしてウォッカを飲む、という位置づけになったので、この時点でA子さんのリストカットや、リストカット後の大量飲酒の回数は大幅に減った。また抑うつ症状が大幅に軽減されていることも確認された。

なお、上述の「何の問題もないはずの自分が、なぜここまでひどい状態に陥ってしまうのか」という“大きな謎”については、その後も何度か話し合ったが、やはりよくわからずじまいであった。しかし終結が近いころに、A子さんはこの件について、「別に何か問題があるからこういうふうになるのでもないのかもしれない。私は親に虐待されたわけでも、学校でいじめられたわけでも、ひどい彼氏につかまったわけでもないけれど、こういうふうになってしまった。結局、人って皆、そういう寂しい存在なのではないかと思う」と話してくれた。筆者はそれを聞いて「ああ、そうなんだろうな。何かわかるなー」となぜか深く腑に落ちたのを覚えている。

以上がA子さんとの認知行動療法のあらましである。A子さんとは約半年の間、20回のセッションを実施したことになる。最後のセッションでＡ子さんに認知行動療法の感想を尋ねたところ、「リストカットがコーピングだとわかったとき、すごく救われた気がした。駄目なことのなかにも、何か意味があるということなんだろうと思う。そうすると、何か駄目なことがあっても、それをすぐに否定せずに、『これにどんな意味があるんだろう』と考えてみるようになった」と語った。また、「コーピングを増やすというのがとてもおもしろかった。これからもっともっと増やしていきたい」と意気込み（？）を語り、筆者とＡ子さんとの認知行動療法は終結となった。

２年後に一度連絡をとったが、まあまあ元気に仕事を続けていること、彼とのつきあいも続いていること、コーピングレパートリーがさらに広がっていること、半年に１度ぐらいはリストカットをすることがあること（絶妙な切り方をするので彼に感心されることさえあるそうである）、などが手紙でのやりとりで確認された。なお、例の“謎”は依然として“謎”のままであり、終結後もずっと一人で考え続けているということであった。

本事例について

本事例は今から十数年前の、“リスカ”という略語がまだ使われていなかったころに実施されたものである。当時、筆者は現場に出てまだ何年も経っていない新米カウンセラーであった。本事例は、そのような頼りない援助者が、心細い思いをしながら、なんとか終結にまで持っていった事例であり、しかも認知行動療法でよく用いられる技法（例：認知再構成法、問題解決法、曝露法など）をほとんど使っていない事例である。その意味で、教科書には絶対に載らないような変則的な事例であると言える。このような事例を今回あえて紹介することにしたのは、べてると認知行動療法の接点について、本事例がさまざまなことを教えてくれるように思われるからである。

この事例は新米の筆者にとってはかなり“きつい事例”であった。主治医より「自傷行為が止まらないのを、カウンセリングで何とかしてほしい」というオーダーがあったのにもかかわらず、クライアントのA子さんは、のっけから「リストカットをやめる気はない。でもリストカットをやめなければ別れるという彼氏とは絶対に別れたくない」というニーズを、明確に筆者に突きつけてきた。A子さんのリストカットは、さまざまな点から自殺企図とは考えにくかったが、しかし当時の精神科医療では（今でもそうかもしれないが）、リストカットは“今すぐに止めさせるべき問題行動”として扱われていた。しかも当時の筆者はべてるのことを知らなかった！（当時べてるのことを知っていたら、もう少し気楽に本事例にかかわれたかもしれない、と心から思う）。

本事例におけるリストカットの扱いについては、さまざまな考え方があるだろう。結果的にA子さんのリストカットの頻度は減ったが、それはあくまでも結果論であり、考えようによっては、本事例において筆者はA子さんのリストカットを止めるどころか推奨（?）しているように見えなくもない。

インテーク面接で「リストカットをやめたくない。彼とも別れたくない」とA子さんにきっぱりと言われたその瞬間、筆者は途方に暮れてしまった。教科書的には、主訴の解消や心理療法に対してモチベーションの低いクライアントの事例は引き受けるべきではなかったのかもしれない。

しかし一見モチベーションがあまりないように見えても、A子さんは誰に強制されたわけでもなく筆者の目の前に存在していた。身体を硬くし、警戒するような目つきで筆者の前に座っていたA子さんは、「リストカットをやめたくない」と言いながらも、何らかの手助けが必要だったからこそ、警戒しつつ面接室に足を運んでくれたのであろう。結局、「今、ここで、目の前にいるクライアントに、自分ができる最良のことは何か」ということを、筆者はその場で必死に考えた結果、あのような対応となったのである。

この対応がよかったのかどうか、未だに筆者は結論を出せずにいるが、少なくとも筆者は本事例からさまざまなことを学んだ。それを以下に挙げる。

●問題解決を試みるかどうかは保留にしながらも、問題そのものをアセスメントすることは可能であること。
●「変わりましょう」と言われるより、「そのままでいいから、その"そのまま"を観察しましょう」と言われるほうが、クライアントははるかにそれを受け入れやすいこと。
●一見モチベーションがないように見えても、クライアントが足を運んできているからには、何らかの手助けを求めてきていると考える必要があること。
●問題解決を提案されるよりも、問題そのものの明確化を提案されるほうが、はるかにそれを受け入れやすいクライアントが存在すること。
●認知行動療法の基本モデルに沿ったアセスメントや自己観察を粘り強く続けていくだけで、多くの発見がもたらされること。
●認知行動療法の基本モデルに沿ったソクラテス式質問法を毎回のセッションで重ねるだけで、クライアントの自己観察的な視点が徐々に形成されていくこと。
●認知行動療法の基本モデルに沿った自己観察をするなかで、一見ささいな出来事のなかにも、実に多種多様な体験が含まれ、凝縮されていること。
●自己観察が細かくなればなるほど、その細かな自分の体験をクライアント自身が大事に受け止められるようになること。
●たとえリストカットといった、常識的には"問題行動"と呼ばれるような行動であっても、それには必ずどこかコーピング的な要素があること。

●たとえリストカットといった、常識的には“問題行動”と呼ばれるような行動であっても、他者（例：セラピスト）がそこから何らかのコーピング的機能を見つけようとすることにより、当事者もまたそれを自らコーピングとみなせるようになること。

●ある問題のある認知や行動を止めようとするより、それをコーピングとしてみなし、さらに他のコーピングを加えていけるよう手助けするほうが有効な場合があること。しかもそのようなスタンスのほうが、援助者も当事者も自由な気持ちでいられること。

●特別な認知行動療法的な技法を導入しなくても、アセスメントがしっかりと共有されれば、自分にとって最善のコーピングを当事者自身が見つけ出すことができること。

●認知行動療法を通じて新たな問い（A子さんの場合、例の“大きな謎”）が生まれることがあり、しかもそれに対する納得のいく回答がいくら話し合っても得られない場合があるが、わからなければわからないまま、援助者と当事者で問い続け、終結後もただ問い続ければよいということ。

以上が事例の紹介である。その後の十数年間、実に多様なケースを数多く担当させてもらい、筆者なりに何とかここまで仕事を続けてこられているのだが、そのなかで、自分が援助者として確実に変化したと思うことがある。それは、より“問題志向”的になったということである。

新米のころは、援助者として何とかクライアントの役に立ちたいと思うあまりに、ひたすら“解決志向”であろうとしていたように思う。「自分が何とかしなければ」と必死だったのである。それが、A子さんの事例や、他のもっと困難な事例を経験するなかで、「自分が何とかしなければ」と思っても思わなくても事例の経過はさほど変わらないこと、「何とかしなければ」と思う前に目の前の問題をクライアントと一緒に眺めているだけで、何らかの“落としどころ”が見えてくるものであるということがわかってきて、肩の力が抜けたのだと思う。

つまり認知行動療法が“協同的問題解決”であるとしたら、そのなかの“解決”に目を向けて必死になるより、まずは“問題”にしっかりと目を向けて、何かが見えてくるのを待つほうが、援助者としての自分も楽だし、当事者としてのクライアントも楽であることが、次第にわかってきたのである。そしてそのような楽な構えでいるほうが、その後の経過が結果的に良いということも経験的にわかってきた。

次節で紹介するが、認知心理学における問題解決に関する研究では、解決を試みる前に問題を理解することがいかに重要か、数々の実証研究を通じて強調している。臨床現場における問題解決にも同じことが言えるのだと、筆者は実感を伴ってそう思えるようになった。

そして、このような変化（解決志向→問題志向）が自分に起きていたころ、筆者はたまたまヴィクトール・フランクルの本を読み返す機会があったのだが、読んでいて驚いてしまった。そこには筆者の考える“問題志向”の原点ともいえるような言葉や思想がぎっしりと詰まっていたからである。

次節で紹介するフランクルの思想を“問題志向”の土台とみなし、それに連なるものとして認知心理学における実証研究や、認知行動療法における協同的問題解決を考えてみると、実にすっきりとすべてが収まるように思われる。そして認知行動療法とべてるのインタフェースを考えるにあたっても、やはりフランクルの“問題志向”を基盤にすると、両者の共有する理念がくっきりと浮き上がってくるように思われる。

1-3 問題志向 べてると認知行動療法の共通理念

——認知心理学における問題解決研究

前述のとおり、筆者は認知行動療法を“協同的問題解決”のプロセスであると定式化している。ところで筆者の考える“問題解決”とは、今、目の前にある“問題”をそのまま“解決”しようとすることではない。そもそもそのまま解決できるような問題であれば、それが問題であると認識されることもないであろう。そのまま解決できないような困った事態だからこそ、それが“問題”として認識されるのである。

そう簡単に解決できぬ事態だからこそ、それが“問題”として認識される。しかしそう簡単に解決できないからといって、どうしてもその問題をあきらめることはできない。だからこその“問題”なのである。となると、問題と解決を切り離し、“問題”について問うことをあえて棚上げにして、“解決”に焦点を当てようとする“解決志向アプローチ”には、どこか無理があるのではないだろうか。

ままならぬ問題を目の前にして、問題の解決や解消に焦点を当てる前に、その“ままならぬ問題”そのものをそのまま受け止め、それがなぜどのように問題なのか、をまず目の前の現象をもとに、当事者と援助者がともに考え続けていくことが必要であると筆者は思うのである。

ここで参考になるのが、認知心理学における人間の問題解決に関する諸研究である。基礎心理学としての認知心理学は、「どのように問題を解決すればよいか」ということではなく、「人間はどのように問題解決をする存在なのか」ということを明らかにしようとしてきた。言い換えれば、人間の問題解決のメカニズムを実証的に明らかにしようということである。そこで明らかになったのは、人間の問題解決はすべて、それが簡単なパズル解きであっても、物理学の難問であっても、日常生活上の複雑な問題であっても、必ず“問題の理解”と“解決法の探索”という二つの下位プロセスによって構成される、という事実である［Newell & Simon 1972］。

ニューウェルとサイモンによれば、どんな問題解決のプロセスも“問題の理解”と“解決法の探索”という二つのプロセスから成っている。大きな問題であれば、それらの二つの下位プロセスに、さらに“問題の理解”と“解決法の探索”という下位プロセスが次々にぶら下がっており、いずれにせよこの下位プロセスの連鎖によって最終的に問題が解決されるというのである。

これは単純であるが力強い理論である。何らかの問題がある場合、その解決法を探る前に、まずは問題を理解する段階が必ずある。人間とは、そのようにして大きな問題であれ小さな問題であれ解決していこうとする存在である。このような理論が実証的な基礎心理学の分野で示されたのである。

しかも認知心理学の問題解決研究には、“エキスパート研究”といって、各分野におけるエキスパートの問題解決のあり方を実証的に探るというたいへん興味深い研究領域がある。これまでの研究成果をまとめるとこうなる［伊藤 1993］。エキスパートといえども、問題解決を行う場合は“問題の理解”と“解決法の探索”という 2 大ステップを踏み、むしろ素人や初心者に比べ、問題を精緻に理解しようとする。エキスパートは問題を理解できたと認識した時点ではじめて、解決法の探索という次のステップに進もうとする。さらにエキスパートは、解決法の探索がうまくいかない場合は、すぐに一つ前のステップに戻って、あらためて適切に問題を理解しようとする。

つまりエキスパートの問題解決の特徴は、問題を解決しようとする前に、まず問題を適切にかつ精緻に理解することにエネルギーが注がれるということになる。ということは、日常生活や人生における問題解決のエキスパートになろうというのであれば、やはりまず解決に目を向けるのではなく、問題そのものに焦点を当てる必要がある、ということになるのではなかろうか。

認知心理学の研究成果から学ぶのであれば、“協同的問題解決”としての認知行動療法においてまず重要なのは、援助者と当事者が問題の前で立ち止まり、その問題がどうなっているのか、それを具体的に理解しようとすることである。認知行動療法は“問題解決志向”の心理療法であるが、このように考えると、より問題を志向する方向で認知行動療法を実践するほうが効果的であると、理論的にも言えるかもしれない。

“問題志向”に傾く筆者のこのような考えは、ヴィクトール・フランクルの著作を読み返すことによって、さらに強まった。

――――― ヴィクトール・フランクルの思想

実存分析やロゴテラピー（自分の人生にどのような意味や価値が問われているのかを探究することを目的とした心理療法）を提唱した精神科医で、ユダヤ人であったため第二次世界大戦でナチスの強制収容所に収監された体験を持つヴィクトール・フランクルの著作は、『夜と霧』『死と愛』など世界中でよく知られているが、そのフランクルは“認知療法の父”とも呼ばれている［Leahy 2003］。たとえ強制収容所という状況においても、そこに自分が存在する意味や価値を追求するというあり方は、確かに認知行動療法の源であると言ってよいだろう。

フランクルはたとえば次のように述べている。

「私はもはや人生から期待すべき何ものも持っていないのだ。」これに対して人は如何に答えるべきであろうか。ここで必要なのは生命の意味についての問いの観点変更なのである。すなわち人生から何をわれわれはまだ期待できるかが問題なのではなくて、むしろ人生が何をわれわれから期待しているかが問題なのである。そのことをわれわれは学ばねばならず、また絶望している人に教えなければならないのである。哲学的に誇張して言えば、ここではコペルニクス的転回が問題なのであると云えよう。すなわちわれわれが人生の意味を問うのではなくて、われわれ自身が問われた者として体験されるのである。人生はわれわれに毎日毎時間問いを提出し、われわれはその問いに、詮索や口先ではなくて、正しい行為によって応答しなければならないのである。人生というのは結局、人生の意味の問題に正しく答えること、人生が各人に課する使命を果たすこと、日々の務めを行うことに対する責任を担うことに他ならないのである。 [フランクル 1961：182-183]

私たちが、「生きる意味があるか」と問うのは、はじめから誤っているのです。つまり、私たちは、生きる意味を問うてはならないのです。人生こそが問いを出し私たちに問いを提起しているからです。私たちは問われている存在なのです。私たちは、人生がたえずそのときそのときに出す問い、「人生の問い」に答えなければならない、答えを出さなければならない存在なのです。生きること自体、問われていることにほかなりません。私たちが生きていくことは答えることにほかなりません。そしてそれは、生きていることに責任を担うことです。

[フランクル 1993：27-28]

私たちは、人生が出した問いに答えることによって、その瞬間の意味を実現することができます。ところで、人生が私たちに出す問いは、たんに、そのときどきに応じてちがったものになるだけではありません。その人に応じてもまたちがったものになるのです。人生が出す問いは、瞬間瞬間、その人その人によって、まったくちがっています。ですから、生きる意味の問題は、まったく具体的に問われるのでなければ、誤った取り上げかたをしているということもわかります。つまり、それは、具体的なここと今において問われるのでなければなりません。

［フランクル 1993：29-30］

人生は我々に問いを出し続ける、我々は人生に問われた存在である、というフランクルの思想は、まさに“問題志向”的である。フランクルによれば、人生それ自体が大きな問いである。このような考え方は、筆者にとっては、上記の認知心理学における問題解決研究となんら矛盾するものではない。むしろ両者ともに、認知行動療法という“協同的問題解決”における“問題志向”の大きな支えになってくれるように思われる。

先に紹介した事例において筆者とA子さんは、おそらく何の問題も解決していない。それどころか解決しようとの構えを持つこともなかった、というよりできなかった。ただひたすら「このリストカットは何なのか」と問い続け、問い続けるうちにリストカットの頻度は結果的に減ったが、その代わり「なぜ何の問題もないはずの自分が、こんなことになってしまうのだろう」という、より大きな問いをA子さんは抱えてしまうことになった。しかし問いが拡大されたのにもかかわらず、A子さんの抑うつ症状は大幅に軽減された。

そして筆者は実に多くのことをA子さんとの事例から学んだ。今思えば、当時はそうとは意識していなかったが、A子さんと筆者は、ひたすら問題を志向しつづけていたのであろう。そうするしかなかったからそうしたにすぎなかったのだが、少なくともあのとき筆者が、A子さんにリストカットをやめさせるという“解決”に固執していたら、A子さんはさっさと筆者を見限ったであろうことは断言できる。

できもしない解決を志向するより、問題を目の前にして、それについて問い続けるほうが、得るものははるかに大きいということを、筆者はこの事例から学んだのだが、それはとりもなおさず“問題志向”という一つのあり方を学んだのだと考えられる。

ここまでのまとめ

ここまでがたいへん長い前フリであった。今一度、これまで述べてきたことをまとめておきたい。

● 当事者の自助の援助を目的とする認知行動療法とは、“協同的問題解決”のプロセスであると定式化できるが、その際、解決を試みる前にまず、認知行動療法の基本モデルに沿って問題そのものを具体的に理解しようとすることそれ自体が重要である。あるいはそのように向き合うしかない事態が現実に存在する（例：A子さんの事例）。

● 人間の問題解決のあり方を実証的に明らかにしようする認知心理学では、人間の問題解決が“問題の理解”と“解決法の探索”の2つの過程から成ることを明らかにし、さらに、エキスパートの問題解決では、解決法の探索の前に、まず問題を精緻に理解するプロセスが不可欠であることを示した。

● “認知療法の父”と呼ばれるヴィクトール・フランクルは、我々が人生に何事かを問うのではなく、人生が我々に問うているのであるということ、すなわち我々こそが人生に問われている存在であると論じた。

● そしてこれらに通底するのは、“問題志向”という理念であると筆者は結論づけた。

苦労＝問題を何よりも大切にするべてる

さて、ここでやっと「べてるの家」である。べてるは、この"問題志向"を見事に体現している共同体なのではないかと筆者は考えている。

たとえば向谷地生良さんは、次のように述べている。

> べてるは、いつも問題だらけだ。今日も、明日も、あさっても、もしかしたら、ずっと、問題だらけかもしれない。組織の運営や商売につきものの、人間関係のあつれきも日常的に起きてくる。一日生きることだけでも、排泄物のように問題や苦労が発生する。
>
> しかし、非常手段とでもいうべき「病気」という逃げ場から抜け出て、「具体的な暮らしの悩み」として問題を現実化したほうがいい。それを仲間どうしで共有しあい、その問題を生きぬくことを選択したほうが、実は生きやすい——べてるが学んできたのはこのことである。
>
> こうして私たちは、「誰もが、自分の悩みや苦労を担う主人公になる」という伝統を育んできた。だから、苦労があればあるほどみんなでこう言う。「それで順調！」と。　　　　[浦河べてるの家 2002:22-23]

向谷地生良さんと当事者研究という画期的な試みを始めた河崎寛さんは、その動機について次のように述べている。

> ぼくはいままで、いわゆる「感情の爆発」で、自分に対しても、家族に対しても、多大な被害を与えてきました。[中略]
>
> ぼくは最近インディアンの本を読んでいるのですが、インディアンは、「自分を大切にするということは、自分を理解しようと努力することからはじまる」と言っています。自分や人を大切にしたいと思う心は、大なり小なり皆に備わっていると思います。本当は誰だってイライラで人や自分を傷つけたくないと思います。だから「自分を理解した

い！」と思う心があるはずです。ぼくもそれに該当します。本当はイライラで人や自分を傷つけたくないし、イライラをもっと大切な何かに変えたいのです。
［浦河べてるの家 2002：137–138］

河崎さんが言っているのは、イライラをもっと大切な何かに変えるためには、まずは自分のイライラを理解することだということであろう。そして河崎さんは、爆発を無理に抑えようとするのではなく、爆発の研究に取り組み、仲間とともにそのメカニズムを解明していった。

さらに、べてるでは、過食や拒食を経験したことのある10名の当事者が集まって「摂食障害研究班」を立ち上げ、研究を行ったが、その際に立てた問いは、「どうしたら摂食障害になれるか」というものであった。

いままで、「いかに治すか」に腐心しながらも結果として食べ吐きに走り、罪悪感に苛まれてきた経験者たちにとって、「どうしたらなれるか」という視点は大いに受け、議論も盛り上がった。
［浦河べてるの家 2005：12］

これを読んで、筆者はうなってしまった。「どうしたら摂食障害になることができるか」……このような発想は、筆者のようなクソ真面目で凡庸な一援助者には、とうていできるものではない。

べてるでは、このように問題をかくも大事にする。それは、「誰もが皆、抱えきれないほどの問題＝苦労を抱えており、その苦労はそう簡単に解消できるものではないし、また解消するべきものでもない。つまり問題＝苦労とはなくすべきものではなく、むしろ大事にするべきものである」という認識が、理念として共有されているからであると思われる。

しかもその苦労は当事者一人ひとりの個別の苦労であるだけでな

く、“皆の苦労”として共有されており、だからこそ、「勝手に治すな、自分の病気」というキャッチフレーズが掲げられているのであろう。しかもべてるは浦河という過疎の町で商売をしている。このことにより、べてるの苦労は精神障害を抱えた当事者だけの苦労ではなく、援助者を含めたべてる全体の苦労、ひいては浦河という地域そのものの苦労として、苦労は拡大していく。

べてるの苦労とは、“苦労して手に入れた大事な苦労”なのである。そういう意味で、べてるの“問題志向”は筋金入りである。

――――“しょぼい問題”を大切にする

認知行動療法も、認知心理学における問題解決研究も、ヴィクトール・フランクルも、べてるも、“問題志向”という理念を共有することをこれまで述べてきた。ここで強調しておきたいのは、“問題志向”における“問題”とは何か、ということである。

“問題”という言葉は、さまざまな受け止め方が可能な、多様な意味を含んだものである。たとえば「性格に問題がある」とか「育った家庭に問題がある」という場合の“問題”には、何か深いところ、見えないところにあたかも真犯人（大きな問題）が潜んでいるかのようなニュアンスが感じられる。「この問題を根本的に解決しなければならない」「徹底的な問題解決を目指す」（不祥事を起こした企業の言明のようだが）という場合の“問題”にも、やはり根本的なレベルにものすごく大きな問題があり、それを取り除くために徹底的にその問題に取り組まなければならないといったニュアンスが感じられ、それだけで息苦しく、プレッシャーを感じる。

つまりここで挙げた「育った家庭に問題がある」とか「この問題を根本的に解決しなければならない」といった文脈での“問題”とは、何か根本的、根源的で根の深い問題、言い換えれば“原因”のようなものを指していると思われる。このような考え方を筆者は暫定的に“原因志向”と呼びたい。そして筆者がここで述べている“問題”とは、そのような根本的レベルの、過去に根ざした“原因”ではない。

認知行動療法、認知心理学の問題解決研究、ヴィクトール・フランクルの思想、べてるの実践において扱われる“問題”は、そのような深くて大きな問題、すなわち原因を指し示しているのではない。認知行動療法や問題解決研究やフランクルやべてるが志向する“問題”とは、あくまでも目の前にある、自らの生活や仕事におけるリアルな問題である。手にとって眺め、他者にそのまま指し示せるような、そういう具体的でわかりやすい問題である。認知行動療法では当事者が抽象的で大きな問題を訴えても、それをアセスメントシートで扱える程度の小問題に分解するよう援助者が誘導する。そして「今、ここで何が問題になっているのか」を明らかにし、まずその問題をともに理解しようとする。

認知心理学の問題解決研究で扱われる問題は、「課題」と呼んでもいいような、目の前にある具体的な問題だけである。そして問題解決のエキスパートほど、大問題を扱いやすい下位レベルに分解し、小さな問題解決の連鎖によって結果的に大きな問題を解決することが明らかにされている。フランクルは、先に引用したとおり、我々が問われているのは「具体的なここと今において」であると強調している。べてるは日常のリアルな問題を、「苦労」と呼んで尊んでいる。

つまりここでいう“問題志向”の“問題”とは、今、目の前にある現実的かつ具体的な問題であり、“苦労”“課題”とも呼ぶことのできる、そういう問題なのである。平たい言葉でいうと（というか、決して上品とはいえない筆者のボキャブラリーから引っ張り出すと）、“しょぼい問題”ということになる。それを目の前にして、「とほほ」とため息をつきたくなるようなしょぼい問題こそを、べてるでは、そして認知行動療法では大事にしようとするのである。

先にも述べたとおり、また第2章でも触れるが、認知行動療法でアセスメントをする際にまず扱う問題は、とにかく日常レベルの具体的なエピソードである。A子さんの事例で作成した［図1-5］がまさにそうである。ある日、ある時、ある場面で生じた、当事者のある体験を小さく切り取って、そこで何が起きているのかを、しつこいぐらいに細かく取り扱っていく。

当事者はこういう取り組みを続けていくうちに、A子さんのコメントにもあったとおり、小さな体験がいかに多種多様な要素によって構成されているかに気づき、驚くことが多い。そして「とほほ」と言いたくなるような“しょぼい問題”のなかに見られる多種多様な要素が、どれも「まさにこれが自分だ」と実感させるのである。すると当事者は、そういう“しょぼい問題”そのものを大切にするようになる。“しょぼい問題”を大切にするということは、そういう問題を抱える“しょぼい自分”を大切にするということである。

ここまでくると当事者は、“しょぼい問題”を抱えた“しょぼい自分”を慈しみ、“しょぼい自分”と少しずつ仲良くできるようになってくる。これはたいへん大きなことである。

認知行動療法を受けに来談する多くの当事者は、自分いじめが得意で、自分と仲良くする術を持たない人が多い。そういう人が、自分いじめをやめ、“しょぼい自分”を受け入れられるようになると、精神的にかなり楽になり、それだけで諸症状が緩和されることがよくある。

また自分の“しょぼさ”を一度認められるようになると、他人も自分と同様、“しょぼい問題”をたくさん抱える存在であることに気づいたり、今まで許せなかった他人の駄目な面を許せるようになっていく。つまり“しょぼい自分”を受け入れ、そういう自分と和解することによってはじめて、他者と新たなつながり方ができるようになるのである。

筆者は認知行動療法を通じて、多くのクライアントがこのように自分と和解し、他者とつながっていくプロセスを共有させてもらっているが、その度に、“しょぼい問題”を大事に扱い、そこから始めていくことの重要性を実感する。

そして、これと同じようなプロセスがべてるではもっと双方向的、多層的に起きているように思われる。援助者と当事者が2人で協同作業する認知行動療法において焦点を当て、共有できるのは、基本的には当事者の“しょぼい問題”だけである（ただし援助者が自己開示をして、自らの“しょぼさ”を戦略的に伝えることはある。また家族や職場関係者など第三者が関与する場合は、共有範囲が少しだけ広がる）。一方、べてるには当事者も援助者も複数おり、「弱さの情報公開」というキャッチフレーズがあるとおり、皆が自分の“しょぼい問題”を他者に伝え、皆でそれを共有する土壌がある。

［図1-7］に、両者における“問題志向”のあり方を示してみた。Aが認知行動療法における“問題志向”、Bがべてるにおける“問題志向”のイメージであるが、べてるでは当事者も援助者も当事者の抱える問題も複数あるだけに、それらが双方向的かつ多層的につながりうることがあらためてわかる。

当事者が複数存在すれば、それだけ問題の数も増える。そして自らの“しょぼい問題”に気づく前に、仲間が自らのそれを開示してくれる。つまりべてるでは他者の“しょぼい問題”を先に知るチャンスが常にある。他者が“しょぼい問題”を抱え、それを開示し、仲間たちがそれを大事にする場に居合わせることで、自らの“しょぼい問題”に思い至る機会がふんだんにある。“問題志向”におけるベクトルそのものの数が多く、しかも双方向的で多層的である。

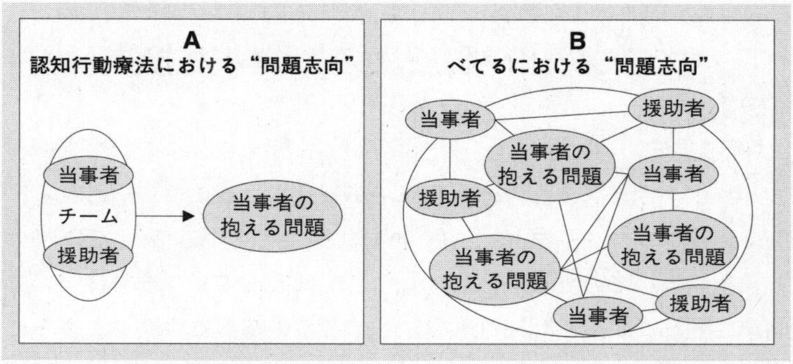

［図 I-7］認知行動療法における“問題志向”と、べてるにおける“問題志向”のイメージ

これが当事者と援助者の２人で行う我々の認知行動療法との大きな違いである。

以上、“問題志向”というキーワードをもとに、認知心理学やヴィクトール・フランクルの理論を援用しながら、認知行動療法とべてるのインタフェースについて論じた。筆者にとっては、べてるの存在自体が、認知行動療法家としての筆者に問われた大きな“問い”であると思われ、何年間も自分のなかで自問自答を繰り返してきた。そしてそれをやっと仲間と共有することができるようになり、さらにこのような形で読者の方々と共有するチャンスをいただけたことは、望外の幸せというよりほかない。

そのチャンスをどれだけ活かせたか、今これを書いていて、非常に心もとないのであるが、今の筆者がべてるという問いに対して答えられるのは、これが限界である。おそらく今後も、べてるという大きな問いを、筆者の日常における“しょぼい問い”と照らし合わせながら、考え続けることになるのだろう。そして願わくは、今よりマシな答えを世に問えるチャンスを、再び頂戴できたらと思う。

1-4 べてると認知行動療法のさまざまな接点

“問題志向”のほかにも、認知行動療法とべてるのインタフェースとして、さまざまな考え方や方法が挙げられるように思われる。個々のインタフェースについての具体的な議論は、第2章以降の各論を参照していただくとして、ここでは個々のトピックについて簡単に触れながら、認知行動療法とべてるの接点について、さらに検討しておきたい。

―――― アセスメントとコーピング

援助者と当事者で実施する認知行動療法の全体の流れは、[図1-3]（p.29）に示したとおりであるが、これをもっと単純化すると[図1-8]のようになる。

認知行動療法の全体の流れは、協同的問題解決の試みであるが、特にその前半が前節で強調した“問題志向”のパート、後半が“解決志向”のパートであると定式化できる（筆者は“解決志向”を否定しているのではない。“問題志向”があってはじめて、解決を志向することができると言いたいだけである）。

つまりまず、「どういう問題を抱えているのか」「その問題はどういうメカニズムになっているのか」「その問題にはどのような悪循環がみられるか」ということを明確化するのが、前半の“アセスメント”のパート、そして問題がひとまず明確化されたところで、「どういう対処が可能か」「どんなコーピングを使えば、悪循環から脱出できそうか」といったことを検討し、実験してみるのが、後半の“コーピング”のパートであると大ざっぱに考えることができる。

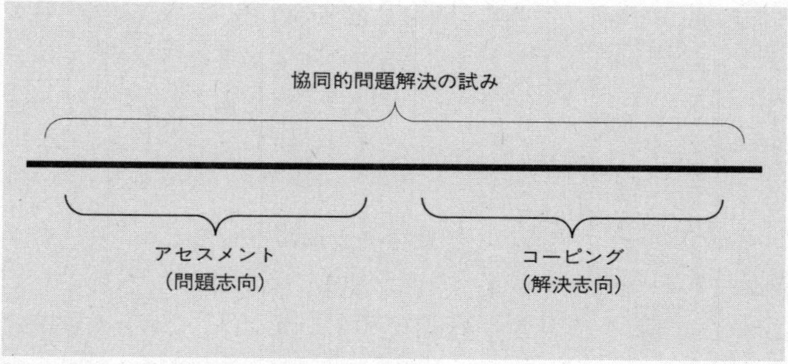

［図1-8］認知行動療法の全体の流れ（簡略図）

認知行動療法では、この過程を急がず慌てず着実に進めていくことを重視する。そしてそのような過程を通じて、当事者自身が、何か問題が起きたとき、まず「どうなっているんだろう」（アセスメント）と考え、次に「じゃあ、とりあえずどうすればいいんだろう」（コーピング）と考えるようなパターンを身につけることを目指す。このような過程を繰り返すうちに、結果的に当事者のコーピングレパートリーが豊かになっていく。

べてるではどうか。第2章、第3章で具体的に述べるが、べてるにおける多種多様な活動の柱として、“当事者研究”と“SST（社会的スキル訓練）”が挙げられる。“当事者研究”に該当するのが［図1-8］における“アセスメント”であり、“SST”に該当するのが“コーピング”であると考えることができる。

べてるではその両方が、認知行動療法の「援助者-当事者」という2人だけではなく、大勢の当事者や援助者によって重層的に営まれているのが、その大きな特徴であり、強みである。べてるのメンバーは、自分自身の問題についてアセスメントし、コーピングを見つけていくだけではなく、他者のアセスメントに立会い、参加し、他者がコーピングを見つけていく手助けをする機会をふんだんに有する。そのような機会が多ければ多いほど、自分自身のアセスメントやコーピングにそれを活用することもできるだろう。そういう“他者→自己”というベクトルがふんだんにあるのがべてるの強みである。

また［図1-8］の過程は、認知行動療法の毎回のセッションでも実施される過程でもある。当事者が抱えている問題は、その時々でさまざまである。「リストカットがやめられない」といった継続的な問題は、やはり継続して取り組んでいくことが必要だとして、それよりもっと小さな日常的な問題は、その時々のセッションで、「いったいどうなっているのか？」とアセスメントしたうえで、「では、今日からどんな対処法を実践できそうか？」とコーピングについて検討できる。この図の過程は、大きな流れとして実践されるとともに、毎回のセッションの小さな流れとしても実践されうるものである。そしてべてるのSSTではまさに、その小さな流れがみごとに実践されているように思われる（まえがきでも述べたが、筆者はSSTを実際に見学し、そのみごとさに驚いたのだが、それはこの図の流れがしっかりと、当事者にすぐに役立つ形で、しかも生き生きと実践されていることに対する驚きと感動であった）。

────── 外在化

ここでいう“外在化”とは、ナラティブ・アプローチで言われる“問題の外在化”に直接関係するものではなく、認知心理学や知覚心理学で扱われる「図などのツールを用いて仮説や構成概念を外化する」［吉村1999］という意味での“外在化”である（結局は、ナラティブでいう“外在化”にどこかでつながるとは思われるが）。

認知行動療法では、表や図などのツールを多用して、外在化を図る。A子さんの事例において作成されたアセスメントシート［図1-5］（p. 040）やコーピングシート［図1-6］（p. 044）も、その一例である。認知行動療法における外在化の意味や目的を以下にざっと挙げてみる。

●アセスメントされた内容などを外在化することにより、当事者が状況や自己の体験を対象化できる。
●当事者が状況や自己の体験を対象化することで、それらに距離を置き、自己や自己をとりまく状況を客観的、かつダイナミックにとらえることができる。
●当事者が自己の認知をモニターすることを促進し、その結果、認知のコントロールが可能になる（メタ認知機能の促進）。
●外在化により、当事者の体験が、援助者や他の第三者（家族、職場関係者、医師やコメディカル）と、共有されやすくなる。
●ツールに外在化されることで、当事者と援助者の視線がともにツールに向き、その結果、無用な対人緊張が生じにくくなる（「当事者-援助者-ツール」という三者関係が形成される）。
●外在化することで、脳の情報処理機能への負担が軽減し、そのぶん、重要な話題に集中しやすくなる。
●ツールに外在化された内容を一種の“データ”として保存できるため、その後の変化が確認しやすくなる。
●外在化されたツールは持ち歩くことができるため、当事者がセッション外でそれを見ておさらいをしたり、必要なときにすぐに参照するなど、日常生活で活用できる。
●ツールとは一種の制約である。制約があることによって、注意がそちらに集中し、セッションでの対話が拡散しにくくなり、対話が引き締まったものになる。

もちろんツールへの外在化にはデメリットもある。たとえば、ツールを使いこなすには相応のスキルを要するため、援助者も当事者もそのための練習を積む必要があること（練習をすること自体はデメリットではないが、少なくともそのぶんの時間と手間がかかる)、必要以上にツールに注意が向きすぎることにより対話そのものがおろそかになる可能性があること、外在化によってネガティブな問題に直面せざるを得ず一時的に気分が悪くなるときがあること、などである。

しかし筆者は外在化が、それらのデメリットを補って余りあるメリットを有するものとこれまでの臨床経験から確信している。ツールを用いた外在化を行わなければ、おそらく先述のA子さんの事例も、あのようには進められなかったであろう。

では、べてるにおける外在化はどうか。べてるが実践する外在化で真っ先に挙げられるのは、数々のキャッチフレーズやユニークなネーミング(例:幻聴さん)である。これは“言葉”というツールを用いた外在化であると考えられる。

これらのキャッチフレーズやネーミングが共有されていることにより、当事者も援助者も、話題そのものにまっすぐに注意を向けることができる。また、外在化されたキャッチフレーズやネーミングが共有されていることにより、当事者は仲間、すなわち他者とのつながりを即時的に実感しやすいであろう。また言葉というツールこそ、いつでもどこでも持ち歩けるものである。たった一人でつらい時を過ごしているときに、キャッチフレーズやネーミングを想起しさえすれば、そこで自己のつらさが対象化され、つらさが緩和される可能性が出てくる。

しかもべてるのネーミングのセンスは秀逸である。たとえば認知行動療法における“自動思考”はべてるでは《お客さん》、認知行動療法における“ヒアリング”はべてるでは《苦労の棚卸し》、認知行動療法における“アセスメント”はべてるでは《当事者研究》、認知行動療法における“認知再構成法”はべてるでは《日本語会話教室》である。なんとリアルで、楽しいネーミングであろうか。つい使いたくなるネーミング、使っていて楽しくなるようなネーミングが、べてるには溢れている。しかもべてるの当事者研究では、皆、“自己病名”をつける。これもすばらしい外在化の一例である。

また、認知行動療法のツールは、紙に書かれたり印刷されたりしている表や図が多い。ある程度フォーマットが決まった表や図を、個々人の体験や問題に適用していくのである。そういう意味では形式的には画一的、内容的にはオーダーメイド的と言える。

一方、べてるのツールは、形式からして完全にオーダーメイドである。しかもそれは印刷された表や図といった無味乾燥なものではなく、絵（イラスト）や手作りのチャート、そしてなんと立体的な人形やすごろくだったりする。しかもべてるは、外在化されたものを「しおり」や「人形」や「すごろく」といった物品にさらに外在化して、それらを商品として売っている。

つまりべてるでは外在化が連鎖しており、最終的には究極の外在化として現金がもたらされる！ これはものすごいことだと思う。べてるでは、上に挙げた認知行動療法の外在化の意味と目的が、暮らしのなかで、さらに相乗的に効果を挙げているのである（しかも筆者はべてるの顧客として、それらの商品を日々愛用している。外在化が顧客にまで伝播している！）。

———— セッションの構造化

［図1-4］（p.30）で示したとおり、認知行動療法では毎回のセッションを構造化する。構造化の意味や目的は先述したとおりであるが、それを大きくまとめると構造化とは一種の“しかけ”であるということになる。

セッションで使える時間には限りがある。そして認知行動療法のような問題解決を目的とした心理療法では、「このセッションはアセスメントのために使いたい」「このセッションは、この問題に対するコーピングについて話し合うために使いたい」というように、各セッションにおいてそれぞれの目的がある。ということは、ある目的に沿って限られた時間を有効に使うためには、セッションの段取りをあらかじめ決めておく必要があるということになる。だからこそ認知行動療法ではセッションを構造化する。

慣れていない人にとっては、セッションの構造化は窮屈な感じがするかもしれない。しかし実際に構造化セッションを実践してみると、構造があったほうが、むしろその構造のなかで当事者も援助者ものびのびと対話や作業ができることが実感されるだろう。

先述したとおり、認知行動療法における構造化は、「これから何をするか」「今後、どういう段取りで物事が進んでいくか」ということを示す枠組みとなり、これが一種の守りとして機能する。そして、当事者自身が構造化の考え方やスキルそのものを身につけることで、さらに自分を上手に守ったり助けたりできるようになる。

べてるでも、あらゆるミーティングが構造化されている。筆者は何度かニューべてるでの朝のミーティングに参加させてもらったが、まず挨拶から始まり、各メンバーの調子やその日の働き方の自己申告、連絡事項の伝達、その日の予定などが、段取りよくきびきびと共有されていく様子を見て、感銘を受けた。なかでも、べてるにおいて最もすばらしい構造化セッションが実施されているのは、やはりSSTであろう（第3章参照）。向谷地悦子さんのSSTの運びのすばらしさは、まえがきおよび付録に記載したとおりである。

筆者はまた、べてるの当事者が進行役となって行われたSSTのセッションや他のミーティングにも何度か参加させてもらったが、どのセッションもやはり段取りよく構造化されていた。これはつまり、べてるのメンバーにミーティングの構造が共有されていることにほかならない。それも頭で理解するレベルではなく、ある種のパターンとして皆の身体にしみこんでいるように思われる。

べてるでは、構造化ということを忘れるぐらい、ごく自然な流れで構造化セッションが行われているのである。そしてやはりセッションが構造化されていること自体が、メンバーの自助の援助に役立っているものと考えられる。

聞くところによると、多くのべてるファンがべてるに惹かれるのは、べてるが世間の規範を超えた次元でのびのびと自由に活動していることに対してだという。それは確かにその通りなのだろうと思うが、その自由さは、何の枠組みもない自由さではなく、構造化という枠組みのなかで展開されている自由さであると筆者は考える。

そしてべてるの場合、セッションが構造化されているだけでなく、浦河での生活そのものが構造化されている。たとえば共同住居で生活し、毎朝、ニューべてるに出かけていってミーティングを行い、その日の予定（すなわちその日のアジェンダ）を皆と共有し、仕事をし、赤十字病院に出かけていって川村先生の診察を受け、ミーティングに出席し、共同住居に戻って自分の時間を過ごす、という1日の流れそのものが目に見える形で構造化されている。

困ったことがあっても、それをどこかで語る場が、毎日保証されている。そういう構造化された暮らしそのものが、自然な形で共有されている。それはどんなに安心できることだろう。そしてべてるでのそのような暮らしは、日々の時間やエネルギーを自分や仲間のために大事に使うことにつながっているのだろう。

べてるには「安心してさぼれる職場づくり」というキャッチフレーズがある。つい無理をして頑張りすぎてしまい、もうどうにも動けない状態になり、仕事ができなくなってしまった自分を、「またさぼってしまった」と責めるのはさぞかしつらいことだろう。しかしべてるの場合、「調子が悪ければ、安心してさぼろうよ」と

「さぼる」ことまで生活における時間の流れ、すなわち構造のなかに組み込まれているので、たとえ「さぼる」羽目になってしまっても、それは予定通りのことであり、そういう自分や仲間のことを責める必要がまったくなくなる。

――――認知再構成法と問題解決法

筆者はこれまで“問題志向”という理念を提示し、認知行動療法において問題を志向する手続き、すなわち“アセスメント”がいかに重要な手続きであるかを述べ、べてるの“当事者研究”がそのアセスメントに該当することについて論じた。そしてアセスメントがしっかりと行われてはじめて、“コーピング”という次の段階、すなわち解決を志向する段階に進むことができるのだとも述べた。つまり「アセスメントあってのコーピング」である。逆に言えば、しっかりとしたアセスメントが実施されたうえで、適切なコーピングが選択されれば、それは非常に効果的であるということになる。このことは日々、認知行動療法を実践していて実感することでもある。

認知行動療法ではアセスメントの段階を経て実施されるコーピングのことを、“技法”と呼んでいるが、ここでは認知行動療法における代表的な技法について紹介し、それらの技法とべてるとの接点について考えてみたい。

認知行動療法でよく用いられる技法に、“認知再構成法”と“問題解決法”がある。別のところでこの二つの技法についてまとめたものがあるので、それを引用する。

認知再構成法（cognitive reconstruction）とは、過度にネガティブな気分や不適応的な行動を引き起こす認知に焦点をあて、そのような非機能的な認知を自己修正するための技法である。具体的には、強いストレスを感じた場面において瞬間的に頭をよぎる考えやイメージ（それを「自動思考（automatic thought）」と呼ぶ）をその場で同定し、自動思考の根拠や機能について検討し、自動思考とは別の、より機能的な思考を新たに案出するという手順からなる。

問題解決法（problem solving training）とは、生活上の諸問題に対する適応的な解決の手続きを主体的に考え、実践するための技法である。具体的には、何か問題が生じたときに、適応的な認知を通じて問題を受け止めた上で、問題状況を改善するための現実的な目標を設定し、目標を達成するための手段を案出し、手段を組み合わせて実行計画を策定し、その計画を行動実験として実践し、結果を検証するという手順からなる。

CBTではさまざまな技法を用いるが、この認知再構成法と問題解決法は、多様な問題に適用可能で効果の高い二大技法であり、CBTでは最も頻繁に適用される技法である。［伊藤 2007：972］

このようにまとめると、両技法とも非常に専門的で堅苦しいもののように感じられるかもしれないが、二つとも実にシンプルな考え方に基づく技法である。何か困り事がある場合、それを認知行動療法の基本モデルに沿ってアセスメントし、悪循環を把握したうえで、「認知」と「行動」を突破口として悪循環から脱出する作戦を練るのが認知行動療法であると、本章の最初に述べた。つまり悪循環に対して、「どう考えたらよいか」という認知的な工夫と、「どう動いたらよいか」という行動的な工夫を組み合せていくのであるが、「どう考えたらよいか」という認知的工夫を検討するために最もよく使われる技法が“認知再構成法”、「どう動いたらよいか」という行動的工夫を検討するために最もよく使われる技法が“問題解決法”である［図1-9］。なお、両技法についてツールや面接法を含め詳しく知りたい方は、［伊藤 2006］を参照していただきたい。

しかし認知行動療法でも、これらの技法を必ず用いるわけではない。わざわざ“技法”として本格的に導入しなくても、アセスメントの結果、当事者が自然と「こういうふうに考えてみよう」「こういうふうに行動してみよう」と工夫を始めることもあれば、A子さんの事例のように、悪循環から抜けるためのコーピングのアイディアを出し合い、実験して効果を確かめる、ということを繰り返す場合もある。その結果、「こういう悪循環にはまりそうになったら、こういうふうに考えてみればいいや」「こういう悪循環にはまりそうになったら、とりあえずこういう行動をとってみればいいや」と当事者が納得できればよい。

たとえばA子さんは、何かうまくいかないことがあったときに、「もう嫌になっちゃった」「生きていてもなんにもいいことがない」といった自動思考がぐるぐる回り、悲しい気分や絶望感が生じ、涙が止まらなくなったとき、「ネガティブな思考も感情もすべて自分のもの。受け入れよう」と考えることで、悪循環を食い止められるようになった。これはもう立派な認知再構成法である。またそのようなとき、自分の思考や気分を声に出して実況中継し、新聞紙など

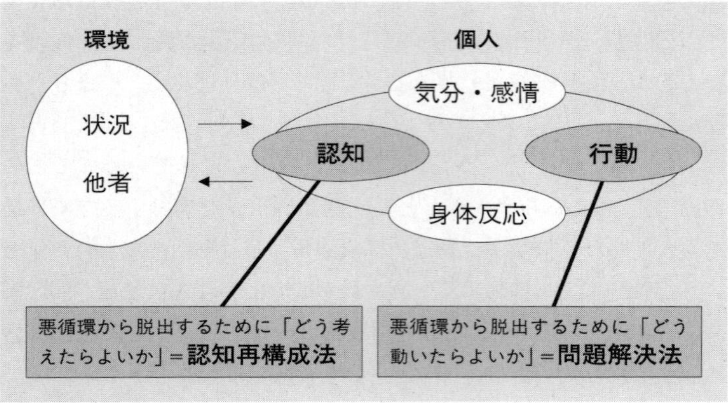

［図 1-9］認知再構成法と問題解決法

を細かくちぎって紙くずの山を作るといった行動をとることで、やはりひどい事態になることを自ら防げるようになった。これもやはり立派な問題解決法である。

わざわざ“技法”として練習しなくても、基本モデルに沿ってアセスメントを実施し、それに対するコーピングを自ら考えて実行しよう、という構えさえできれば、結果的に認知再構成法や問題解決法が実施できたことになるのである。

ではべてるではどうか。まず、べてるでは、技法としての認知再構成法を“日本語会話教室”と呼ばれるミーティングで習得できるようになっている。日本語会話教室については、山本賀代さんが次のように書いている。少し長いが引用してみる。なお、文中の〈お客さん〉とは、認知再構成法における自動思考のことである。

> わたしの〈お客さん〉のメインテーマは、あらゆる手段を使ってわたしを“死”へ導こうとすることだ。わたしの〈お客さん〉は過去の傷ついた経験から来ていて、その傷ついた経験に非現実的な恐怖感や不安感を加えることによって、わたしを現実の地道な苦労から遠ざけ、わたしの行動を制限させる。しかし一方で、それによって、実際の人間関係でこれ以上深く傷つくことからわたしを守っているのかもしれないと考えてきた。
>
> だからこそわたしは、悪い〈お客さん〉にお茶を出し、頭の中に長居させていたのだが、ソーシャルワーカーと数人の仲間で始めた「日本語会話教室」という試みが、〈お客さん〉とのつきあい方を勉強するのにけっこう有効だった。日本語会話教室で学ぶうちに〈お客さん〉を一歩引いてみて、自分が取り入れたい〈お客さん〉なのかどうかなと考えることが多少はできるようになった。
>
> 「日本語会話教室」とはおもしろいネーミングをしたなぁと思う。これは、「自分の言葉を取り戻そう」という発想から生まれたもので、『自

分を愛するための10日間トレーニング』という本を参考にしている。具体的には、小グループで週に一度1時間半ほどの時間で、ソーシャルワーカーの助けを借りながら、この1週間の〈お客さん〉状況を話したり、本を参考に自分に当てはめてロールプレイをする。

［浦河べてるの家 2005：176］

山本さんのこの文章を読むだけで、日本語会話教室に参加したメンバーが、認知再構成法という技法をきちんと理解し、しっかりと習得していることがわかる。山本さんがお書きのとおり、“日本語会話教室”というネーミングは本当におもしろい。頭の中をかけめぐる自分を痛めつけるような自動思考（＝お客さん）に距離を置き、自分らしくあるための言葉すなわち日本語を探して、自分自身と会話するという意味であろうが、“認知再構成法”という堅苦しい専門用語に比べて、なんとわかりやすく、魅力的なネーミングであろうか。“教室”というのが、習いごとっぽくてよい。

なお、“問題解決法”もべてるでは特にSSTにおいてみごとに実施されているが、それについては第3章で具体的に紹介されるので、そちらを参照されたい。

認知再構成法であれ問題解決法であれ、特別な技法として実施しなくても自然と当事者が習得できるものであるというのは上に述べた通りだが、べてるでは、べてるという共同体のなかで暮らしているだけで、これらの技法が習得できるしかけになっているように思われる。それは前に述べたように、べてるでの暮らしそのものが構造化されていることにもよるが、もう一つ重要なのが、べてるが浦河という過疎の町で苦労しながら商売をしているという事実である。

向谷地生良さんの文章を以下に引用する。

ここで重要なのは、昆布の産直は地域に出向くことなしには実現しなかったことである。昆布を入れる袋、密封する機械の購入、ラベルの作成、秤や昆布切りバサミの手配など、早坂さんをはじめ当事者が苦労しながら人脈をたどって準備していった。 [浦河べてるの家 2002:50]

「べてるの家が今日までやってこれたのは、浦河には日高昆布があったからですよね。私の地域にはこれといって何もないし、お役所も動かないし、地域の理解も希薄でね」

べてるの家を見学に訪れた人から、あるいは私たちが各地に出向くたびに言われる言葉である。それに対して私たちはこう言う。

「過疎で、何も取り柄がなく、問題が山積した場所だったら、いつでもどこでもべてるはできますよ。必要なのは好条件じゃなくて悪条件です」

そしてこうも言う。

「過疎も捨てたもんじゃない！」

過疎の町だからこそ、悩みは尽きない。悩みが尽きないところにこそ、さまざまなニーズが眠っている。地域に住む人たちの困りごとや悩みのなかに、担うべき役割やビジネスチャンスが隠されている。

[浦河べてるの家 2002:89]

悩みが尽きない浦河という地域で、べてるは商売を始め、現実的な困難を背負った。言ってみれば、悪循環とわかっていて悪循環に自ら潜り込んだようなものである。ということは、「過疎も捨てたもんじゃない！」と思わなければ商売は続けられないし（認知再構成法）、そのような地域で商売を存続させるためには、そのために必要な行動をするしかない（問題解決法）。浦河で商売をすること自体が、意図しなくても、これらの技法を必然的に習得できるようなしかけとなっているのである。

それは商売だけではないのかもしれない。べてるは他者との対話に満ちている。しかもそれは格好つけた対話ではなく、「弱さの情報公開」に基づく対話である。“しょぼい問題”を抱える“しょぼい自分”を、そのままさらけ出せる対話である。清水里香さんは、次のように書いている。

> ダメな自分を受け入れるきっかけは、なんといっても「人と話す」ことでした。自分以外の人の話を聴くことで自分ではどうしても切れなかった悩みの悪循環を断ち切ることができたように思います。
>
> 自分の悩みを少しずつ話すことで「ダメなままでいいんだよ」という新しい意見が入ってきます。ほかの人に自分のことを聞いてもらうとか、ほかの人の話を聞くチャンスが与えられて、やっと「自分とのつきあい」が変わってきました。いままでの「人とのかかわりを絶つ」ことから「人とのかかわりを大切にするようになったのです。
>
> [浦河べてるの家 2002:116-117]

べてるという場で人の話を聴き、自分の悩みを話すことで、清水さんの自己認知は「ダメなままでいいんだよ」とみごとに再構成された。そして自分自身や他者とのかかわり方が、180度といってもいいぐらい転回した。べてるが、認知再構成法や問題解決法といった技法を自然に習得できる場を提供していることが清水さんの文章からもよくわかる。

そもそも“技法”と呼ぶこと自体が、チンケな気がしてくる。新たな認知の仕方や行動の仕方を手に入れるというのは、結果的に世界観や生き方が変わることである。認知行動療法では、それを“技法”の名のもとに当事者にそれを提供するが、べてるでは、暮らしのなかで新たな認知の仕方や行動の仕方が自然と身につくようなしかけがあるのである。

ノーマライゼーションと心理教育

認知行動療法でいう“ノーマライゼーション”とは、当事者の抱える問題や症状や病気が、とんでもなく異常なものではないこと、誰もが抱える可能性があるものであることを、援助者が当事者に伝えるプロセスのことを指す。そしてノーマライゼーションのために援助者がさまざまな情報や理論を伝えることを“心理教育”と呼び、認知行動療法ではこの心理教育を非常に重視する。

たとえば筆者が最も尊敬する認知行動療法家であり精神科医でもある原田誠一は、統合失調症の患者に対し、(1) 不安、(2) 孤立、(3) 不眠、(4) 過労、の4条件がそろうと誰もが幻聴を体験する可能性があることを、図やパンフレットといったツールを用いて心理教育することがノーマライゼーションにつながり、治療効果を上げるうえで効果的であると述べている [原田 2006]。

筆者もあの手この手を使って心理教育やノーマライゼーションを図ることがよくある。これがうまくいくと、当事者は、「こういうことで悩むのは自分だけじゃないんだ」「自分が異常だからこういう体験をするんだと思っていたけど、誰だってこういうことを体験することがあるんだ。自分は異常者じゃないんだ」と思えるようになり、たいそう安心し、認知行動療法に対するモチベーションが上がることが多い。また援助者と当事者の信頼関係も深まるように思われる。

一方、べてるのノーマライゼーションは、認知行動療法のはるか上を行っている。たとえば日常会話のなかで、当たり前のように幻聴について話をする場がある。しかも幻聴は単なる症状としての幻聴ではなく、“幻聴さん”である。幻聴に悩んでいて、しかもそれを誰にも言えずに悩んでいる当事者がべてるに行くと、そこではそれが親しみをこめて“幻聴さん”と呼ばれて大切にされ、しかも当事者研究の対象にされている。松本寛さんなどは、幻聴さんは大事な友達なのだから、それを消す薬は開発しないでほしいと、製薬会社の人に注文をつけている。

そのような場面を目撃したり、そのような場に身を置いたりするだけで、“正体不明の声”［原田 2006］という“異常な現象”に人知れず悩んでいる人は、それが“幻聴”という症状であるということを知るだけでなく、他者と共有できる現象であること、しかも「さん」まで付けて大切にされうる体験であること、さらにはそれと「友達」づきあいしている人までがいることを一気に知ることになるだろう。それは一瞬のうちにノーマライゼーションが達成されてしまうような体験ではないだろうか。

我々の認知行動療法におけるノーマライゼーションは、援助者から当事者に向けて行われるものである。しかしべてるでは、それが暮らしのなかで、当事者同士でごく自然に実施されている。べてるを知るまで筆者のなかでは、ノーマライゼーションとは「援助者→当事者」というベクトルだけを持つものであった。しかし「当事者→当事者」「当事者（松本寛さん）→援助者（製薬会社の人）」というベクトルもありうるということを知り、その豊かさに驚いたのである。

実際、筆者の担当するクライアントで、家族（弟）に統合失調症を患う人がいて、クライアントがその弟の幻聴や妄想を非常に恐れ、忌み嫌い、そのクライアント自身の症状が悪化しているというケースがあった（そのクライアント自身はうつ病であった）。筆者がそのクライアントにべてるの家といくつかのべてる本を紹介したところ、彼女は次のセッションに晴れ晴れとした表情で訪れ、「“幻聴さん”の話を読みました。弟にも教えてあげました。これまで私は、弟が幻聴について話すのを聞くのが、もうほんとうに嫌で嫌でたまらなかったし、とても恐ろしかった。でもべてるの本を読んで、そういう怖いものじゃないということがわかってホッとして、もっと弟を大事にしてあげたいと思うようになりました」とおっしゃった。

これは、べてるという当事者が筆者を経由して、別の当事者やその家族をノーマライズした例である。筆者が意気込んで幻聴について心理教育を試みるより、このほうが、ずっと自然で効果的なノーマライゼーションであったように思われる。

しかもべてるでは、症状に賞（幻覚&妄想大賞）まで与え、称えている。筆者は幻覚&妄想大賞を知ったとき、心底仰天した。そして実際にべてる祭りでその授賞式に出席し、それが単なるノーマライゼーションのためだけではなく、受賞者の幻覚妄想のユニークさを本気で褒め称えているのを目撃したとき、筆者の世界観が激震するのを感じた。

もちろんそうは言えども、幻覚妄想は、主に統合失調症などの症状であることは確かである。そんなことはべてるの当事者も援助者も重々承知している。幻覚妄想によって生活に支障が生じるのであれば、そしてなにより当事者本人が苦しんでいるのであれば、やはり服薬したり、生活リズムを整えたりするなどして対処を試みる必要がある。

しかしいくら対処を試みても、すべての幻覚妄想が消失するわけではない。そうであるならばそれらの症状を恥じたり隠したりするより、そういう体験があるということを、そしてそういう体験がどのようなものであるかということを皆に示し、共有してしまったほうがよい。

そしてそれは何も幻覚妄想といった症状に限ったことではない。生きている限り、誰しもが人生からさまざまな問いを与えられ、その人独自の苦労を有する。それは紛れもない事実である。であれば、そのことをありのままに認めたうえで大いに称えようじゃないか、という逆転の発想が、祭りの場において、あっけらかんと、あるいはぬけぬけと表明されているのを目撃し、救われたのは筆者のほうであった。

認知行動療法では援助者が当事者に心理教育を行い、ノーマライゼーションを試みる。しかしべてるを体験すると、実はいわゆる“健常者”である我々のほうが、人生の真実のようなものに一瞬触れさせてもらうことを通じて、はるかに心理教育され、ノーマライズされる。

べてるの書物を読むことや実際にべてるを見学することを通じて、筆者のような体験をする人は多いと思う。その意味で、べてるは当事者をノーマライズする場であると同時に、世間をノーマライズする場でもあるのだと言えるだろう。

さらに、ここで指摘しておきたいのは、認知行動療法が対象とする“疾患”“障害”と、べてるのメンバーが抱える“疾患”“障害”についてである。

認知行動療法が当初、治療や援助の対象としたのは、割合シンプルなうつ病や不安障害であった。そのような比較的シンプルな疾患に効果があることが実証的に確かめられた後、今では統合失調症や境界性パーソナリティ障害、そして重症の慢性うつ病といった、本来心理療法の適用が困難であるとされていた疾患に対しても適用されるようになり、その効果が認められるようになってきている(例：[原田 2006])。

筆者が運営する機関にも、いわゆる“困難事例”といわれるクライアントが来談することが少なくないが、本章で紹介した構造化やソクラテス式質問法に基づく双方向的コミュニケーションや外在化といった原則に沿って“協同的問題解決”を慎重に実践すれば、クライアントと何とか協同作業を進めていくうちに、それなりの着地点が見つかることを筆者は日々経験している。このように認知行動療法では、比較的シンプルな事例からより困難な事例へと、適用範囲が広がってきているという経緯がある。

一方べてるはどうか。数々のべてる本を読む限り、べてるは活動開始当初から、通常の精神科医療からすれば、“困難事例”といわれる当事者が勢揃いしていたことは想像にかたくない。そのような当事者が集まり、向谷地さんとともにべてるはスタートした。そして暮らしにおける互いの苦労を共有し、対話が続けられた。そのなかで多くの当事者に共通してみられる症状としての“幻聴”は、暮らしにおいてごく普通に語られる“幻聴さん”に格上げ（?）され、幻聴さんとのさまざまなつきあい方が、日々模索されるようになった。そしてこのような動きは幻聴だけでなく、“爆発”や“体感幻覚”や“サトラレ体験”といった多様な“困難事例”にも広がっている。

つまりべてるの存在そのものが、認知行動療法が困難事例にも適用可能なアプローチであることを示してくれているのではないだろうか。困難事例に対する認知行動療法の文献が今ほど出版されていなかったころ、筆者はべてる本を読み、そこに認知行動療法のエッセンスを感じると同時に、診断名や症状の軽重にかかわらず、認知行動療法が役立ちうるのだということを知り、その意味でもべてるの存在を非常に心強く感じたのを今でも鮮明に覚えている。

ホームワークと日常生活の重視

認知行動療法は、当事者の日常生活を最大限に重視する心理療法である。それを象徴するのが“ホームワーク（宿題）”である。

認知行動療法では、セッションで話し合われた内容を必ず当事者の日常生活に持ち帰ってもらい、それが本当にその通りか自己観察してもらったり、行動実験してもらったりする。セッションにおいて援助者と当事者が良好なコミュニケーションをとれるようになったら、それが日常生活に般化するよう、つまり今度は日常生活において当事者と当事者をとりまく人たちが良好なコミュニケーションをとれるようになることを、認知行動療法では目指す。そのためにホームワークの課題を設定し、その課題を実施するよう当事者に依頼し、次のセッションで実施状況を報告してもらい、共有するのである。

その際、我々が実施する認知行動療法の場合、援助者の日常と当事者の日常はあくまでも別個のものである、という前提がある。当事者にホームワークを実施してもらい、実施状況を報告してもらわない限り、我々援助者は当事者の日常に触れることはできない。

しかしべてるでは、セッションの場がそのまま日常である。言い換えれば現実的な日常生活という大きな基盤がまずあって、その延長線上にセッションがある。当事者にわざわざ報告してもらわなくても、すでに当事者の日常が皆に共有されている。

べてるのセッションでも、たとえばSSTなどでは必ず「じゃあ、今度そういうことがあったら、こうしてみようよ」という課題が出される。しかしこの場合、日常をともにするメンバーでセッションが行われているので、課題が出された時点で、それは当事者だけの課題ではなく、日常をともにする皆の共有課題になる。

我々の実施する認知行動療法では、セッションの成果を当事者の日常に還元すべくホームワークを設定しても、その設定の仕方が悪いと（それはもちろん我々援助者の責任である）、ホームワークそのものを忘れてしまったという事態が往々にして起こるのであるが、日常生活の枠組みのなかでセッションが実施されるべてるでは、まずそのようなことは起こり得ないであろう。

しかもこのことは当事者同士の関係におさまらない。向谷地生良さんは、「公私混同大歓迎」という項で、次のように述べている。

> この浦河で精神保健分野の専門家であるということは、精神障害を体験した当事者と同じ町民としてご近所づきあいができる能力をもった人たちであることだと思う。 [浦河べてるの家 2002:216]

援助者も当事者も、地域の苦労をともにし、そのなかで暮らしを営んでいる。セッションだけが特別な場になることはあり得ない。我々の認知行動療法では、セッションが特別な場にならぬようホームワークというしかけを最大限に活かして、セッションを日常生活につなげようと努めるが、べてるでは、日常生活のなかでセッションが実施されるため、そしてそれどころかセッションがあろうがなかろうが、援助者も当事者も地域での日常生活をともにしているため、そのような努力をせずとも、セッションとホームワークとは自ずと連続性を保ち続ける。

1-5 おわりに 認知行動療法の豊かな発展型としてのべてる

以上、本章では、まず認知行動療法について簡単に紹介したうえで、両者に共通する"問題志向"という理念について論じ、さらに具体的なトピックを通じて両者の接点についてあれこれと考えてみた。筆者は本章を、あらかじめ何らかの結論を出してから執筆したのではなく、書きながら考え、考えては書き、というやり方でやっとここまで辿りついた。

それはそのようなやり方を意図的に選択したのではなく、そういうやり方でしか書けなかったからそうしたのであるが、現時点で実感するのは、べてるの実践は、我々が実践する認知行動療法の豊かな発展型であるということである。

今これを書きながら、筆者が最も痛切に感じているのは、べてるの実践は、当事者と援助者の顔がありありと見えるものであり、一方、我々の実践は、援助者だけがちらりと顔を見せているものであるということである。

本書の打合せの場で向谷地生良さんが、「べてるでは足あとが見えることを大切にしている。べてるのキャッチフレーズはそのためにあり、それを皆が受け継いでいくのだ」とおっしゃったことがある。筆者はそれを聞いて思わずハッとした。

筆者らの認知行動療法の実践でも、主役はもちろん当事者である。援助者である我々は、主役である当事者の問題解決の試みに、仲間として入れてもらっている立場にある。そして日々、貴重な学びを共有させてもらっている。我々はそれらの学びをより多くの人に共有してもらいたいがゆえに、事例検討会を行ったり、学会で発表したり、著作を世に出したりしている。

しかしそこで名前と顔を出すのは、当事者ではなく、援助者である我々だけである。そして、当事者は仮名もしくは匿名の存在になってしまう。本章で紹介したA子さんがまさにそうである。

筆者はいつもここで幾ばくかのうしろめたさと恥かしさを感じてしまう。主役であるはずの当事者は、"個人情報保護"という大義名分のもとで、当事者が当事者たりうる具体的な情報がそぎ落とされ、場合によっては改変された形で語られる存在となり、本来脇役であるはずの援助者が、あたかもそれが自分の手柄であるかのように（しかもそう受け止められぬよう細心の注意を払って、というところが我ながらいやらしく感じられるのであるが）語らざるを得ないのである。

べてるには“スキルバンク”という仕組みがある。当事者研究の内容や、その結果見出された数々の有益なスキルを公表し、蓄積するためのしかけである。これは顔の見える活動をしているべてるならではのユニークな仕組みである。

一方我々は、我々援助者がかかわった多くの当事者に顔を出してもらって、べてると同じようなスキルバンクを構築することはできない。だからこそ我々は一抹のうしろめたさを感じながらも、“専門家”の活動の一環として、我々にできる範囲のスキルバンクを作っていくしかない。「“専門家”という名の当事者である我々が、今できる最善のことは何か」という問いを自らに投げかけながら。

とりあえず今はそれで良しとするしかないのだろうし、少なくとも我々はそれができる地点に立つことができている。それにしても、そのような現状にあって、我々がべてるという発展型の背中を見ながら、我々なりに認知行動療法を実践できることは本当に幸運であるとしか言いようがない。

最後に一言、「べてるという発展型の背中を見ながら」と上で書いたが、だからといって筆者は、べてるが一番、我々の認知行動療法が二番、と言いたいわけではないということを申し添えておく。自らの顔を出して、べてる的活動を望む当事者もいれば、自らの日常と認知行動療法を分けて考えたい当事者もいるだろう。逆に自らの当事者性を最大限に発揮して活動したい援助者もいれば、生活者としての自分と援助者としての自分をあえて分けたい援助者もいるだろう。

筆者自身はべてるを知ったがゆえにそれらの間をぐらぐらと揺れ動いているのであるが、だからこそ当事者や援助者のさまざまな志向がどれもわかるような気がするし、どんな志向であってもまずはそれを尊重したい。

また認知行動療法がどのような場で行われるかによっても、実践のあり方は自ずと変わってくるであろう。これまで述べてきたとおり、認知行動療法は“問題志向”という理念のもとで当事者の“自助の援助”を目指すものである。それぞれが自分を上手に助ける力を磨くため、そしてそれぞれの持ち場において他者とつながり、他者の自助を援助する存在であり続けるため、それぞれの認知行動療法を追求すればよいのだと思う。

そして我々が本書の執筆を通じて我々の認知行動療法とべてるの認知行動療法について共有したり比較検討したりする機会を得たように、それぞれの認知行動療法をさらに共有し、磨きをかける機会をたくさん作っていきたいと願っている。

●参考文献

Beck, A.T. 1976 *Cognitive Therapy and the emotional disorders.* International Universities Press（大野裕訳 1990『認知療法：精神療法の新しい発展』岩崎学術出版社）

Beck, J.S. 1995 *Cognitive therapy: basics and beyond.* Guilford（伊藤絵美・神村栄一・藤澤大介訳 2004『認知療法実践ガイド 基礎から応用まで：ジュディス・ベックの認知療法テキスト』星和書店）

Frankl, V.E. 1947 *Ein Psycholog Erlebt Das Konzentrationslager.* Verlag für Jugend und Volk（フランクル, V.E., 霜山徳爾訳 1961『夜と霧』みすず書房）

————, 1947 *Trotzdem Ja zum Leben sagen.* Franz Deuticke（フランクル V.E., 山田邦男・松田美佳訳 1993『それでも人生にイエスと言う』春秋社）

原田誠一 2006『統合失調症の治療：理解・援助・予防の新たな視点』金剛出版

伊藤絵美 1993「日常生活におけるメンタルヘルス的問題解決スキーマの形成」慶應義塾大学大学院社会学研究科修士論文

———— 2001「問題解決療法」『心療内科』5. 256-260

———— 2005『認知療法・認知行動療法カウンセリング 初級ワークショップ』星和書店

———— 2006『認知療法・認知行動療法 面接の実際』星和書店

———— 2007「うつ病に対する認知行動療法の適用のポイント：患者の自助を通じて再発を予防するために」『医学のあゆみ』第 219 巻 13 号. 971-975

小杉正太郎 2002『ストレス心理学』川島書店

Leahy, R.L. 2003 *Cognitive Therapy Techniques: A Practitioner's Guide.* Guilford（伊藤絵美・佐藤美奈子訳 2006『認知療法全技法ガイド：対話とツールによる臨床実践のために』星和書店）

Newell, A. & Simon, H.A. 1972 *Human Problem Solving.* Prentice-Hall

Lazarus, R.S. & Folkman, S. 1984 *Stress, Appraisal, and Coping*. Springer（本明寛・春木豊・織田正美監訳 1991『ストレスの心理学：認知的評価と対処の研究』実務教育出版）
坂野雄二 1996『認知行動療法』日本評論社
浦河べてるの家 2002『べてるの家の「非」援助論』医学書院
——— 2005『べてるの家の「当事者研究」』医学書院
吉村浩一 1999『図的に心理学：視聴覚教育への視座』ナカニシヤ出版

第 2 章

アセスメントと当事者研究

伊藤絵美

本章では、認知行動療法におけるアセスメントと「べてるの家」における当事者研究について、その接点や異同を考えてみたい。そのためにまず、認知行動療法におけるアセスメントの位置づけや特徴について紹介し、次にべてるの当事者研究をアセスメントという視点から整理する。最後にべてるの当事者研究のユニークな点や、我々認知行動療法家が学べる点を論じ、今後の展望を述べる。

2-1　認知行動療法におけるアセスメント

第 1 章で述べたとおり、認知行動療法は、「援助者と当事者による協同的問題解決の試みを通じて、当事者の自助力の向上を援助するプロセスである」と定式化することができる。そのプロセスが一定の段取りに沿って構造的に進められることも、第 1 章で述べたとおりであるが（[図 1-3] を参照）、この段取りのなかでも、最初のステップとしてまず重要であるのが、本章のテーマである“アセスメント”である。

認知行動療法を求めて来談するクライアント＝当事者は、何らかの問題や悩みを抱えており、それを解消するための手助けを必要としている。アセスメントとは、「今、ここにある問題とは、いったいどのようなものなのか」という問いを立て、それを具体的に明らかにしていく過程のことである。その意味でアセスメントとは、認知行動療法とべてるに共有される大きな理念である“問題志向”そのものの実践であるといえる。

認知行動療法におけるアセスメントの位置づけを、改めて定式化すると［図 2-1］のように表せる。

アセスメントは、認知行動療法に限らず、すべての心理療法や対人援助活動において実施されるものであるが、認知行動療法のアセスメントには以下の特徴がある。

●認知行動療法の基本モデル（［図 1-1］を参照）に沿って、当事者の抱える問題の循環的相互作用を具体的に把握する（たいていは悪循環として把握される）。

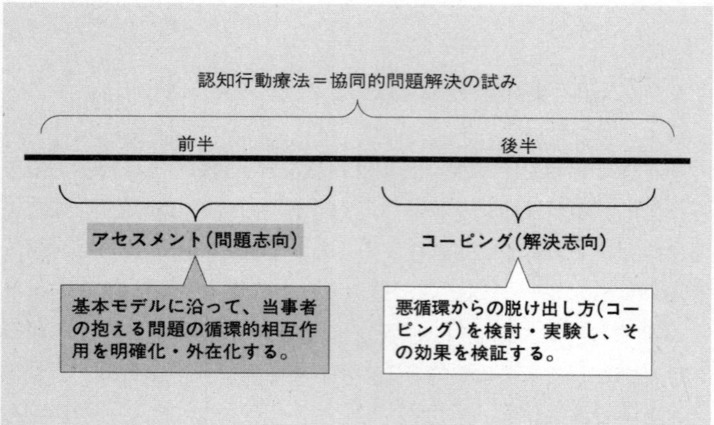
認知行動療法＝協同的問題解決の試み
前半
後半
アセスメント（問題志向）
コーピング（解決志向）
基本モデルに沿って、当事者の抱える問題の循環的相互作用を明確化・外在化する。
悪循環からの脱け出し方（コーピング）を検討・実験し、その効果を検証する。

［図 2-1］認知行動療法におけるアセスメントの位置づけ

●アセスメントの対象となるのは、日常生活における具体的な困り事である。そのため日常生活における当事者のセルフモニタリングが不可欠である。

●アセスメントされた内容は何らかのツールを用いて紙の上に外在化し、目で見てわかる形にする。

●援助者が一方的に行うのではなく、援助者と当事者が協同作業を通じて一緒に創り上げていくプロセスを重視する。

●ソクラテス式質問法（32頁参照）を用いて行われるため、アセスメントを実施することで当事者の自問が促され、さまざまな気づきが生じることが多い。

筆者が開発し、アセスメントの際に使用しているツールを［図2-2］に示す［伊藤 2005］。

シートの上部が認知行動療法の基本モデルである。ここに当事者の抱える悪循環を記載する。下部には悪循環から脱出するために当事者がすでに行っているコーピングと、当事者をとりまくサポート

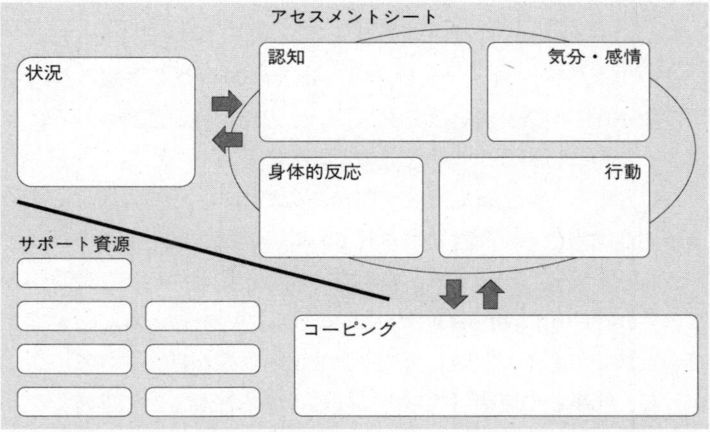

［図2-2］認知行動療法のアセスメントシート

資源を記載する。当事者はなにも悪循環にやられっぱなしになっているわけではなく、その人なりに悪循環からの脱出を図っているはずである。また人は誰しもその人なりの何らかのサポート資源を有しているはずなので、それらの情報もあわせて同定することで、より多面的で総合的なアセスメントが可能となる。

たとえば第1章で紹介したA子さんの場合、アセスメントの結果、リストカットやウォッカを飲むことが実はコーピングとして解釈できることが判明した。またそうなるとそれらに関連する事柄(例：リストカットの痛み、自分が酒を飲める体質であること)も、その時点ではA子さんのサポート資源であるととらえることができる。

このように、[図2-2]のようなアセスメントシートを用いて問題の全体像を外在化すると、ネガティブ一辺倒だと思っていた問題が、多種多様な要因によって構成されていることが理解され、それだけで落ち着きを取り戻す当事者も多い。また、外在化されたアセスメントシートを何度も眺めるだけで、さらなるコーピングのアイディアが浮かび、援助者がわざわざアドバイスなどしなくても、当事者が自ら新たなコーピングにトライしはじめることも多々あることである。

このようにアセスメントは非常に重要かつ有益な手続きなのだが、認知行動療法においてアセスメントの重要性が強調されるようになったのは、実は比較的最近のことである。

というのも、認知行動療法が開発された当初、その対象は一部のうつ病性障害や不安障害に限られており、アセスメントをそれほどがっちりと実施しなくても、当事者の病態が比較的把握しやすかったので、速やかに治療的介入(コーピング)の段階に入ることができていたからである。しかし認知行動療法の対象が拡大されるにしたがって、当事者や当事者の抱える問題の個別性を十分に考慮しないと介入がうまくいかないことが、専門家の間で認識されるようになり、そのぶん、アセスメントが重視されるようになっていった（[Nezu et al. 2004] を参照)。

また筆者は、当事者がアセスメントの過程を通じて、認知行動療法の基本モデルに沿って自分の体験をとらえられるようになることが非常に重要であると考えている。

筆者の経験では、状態が悪く混乱している当事者ほど問題解決を焦り、「早く何とかしてほしい」「早くこの苦しみから逃れたい」「早くアドバイスしてほしい」と援助者に迫ってくることが多い。しかしそのような人ほど一度立ち止まり、「今、ここにある問題はどのようなものなのだろう？」「自分がはまっている悪循環は、一体どんなふうになっているのだろう？」と自問することを通じて、問題そのものに向き合うことが必要なのではないかと思う。

その際、認知行動療法の基本モデルやアセスメントシートが、問題と向き合うためのちょうどよいとっかかりになる。一度基本モデルが当事者に内在化され、モデルに沿って自分の体験をとらえられるようになると、何か問題が起きても、すぐにそれに巻き込まれ大混乱に陥るようなことはうんと少なくなる。むしろ「今、自分はどうなっちゃっているんだろう？ このモデルを使って調べてみよう」といった構えができ、何かコトが起きるとそれを“ネタ”として使えるようになるのである。第1章で紹介したA子さんが、まさにそんなふうであった。

2-2 アセスメントとしてのべてるの当事者研究

次に、べてるの当事者研究について検討する。筆者は、認知行動療法におけるアセスメントの位置づけと、べてるにおける当事者研

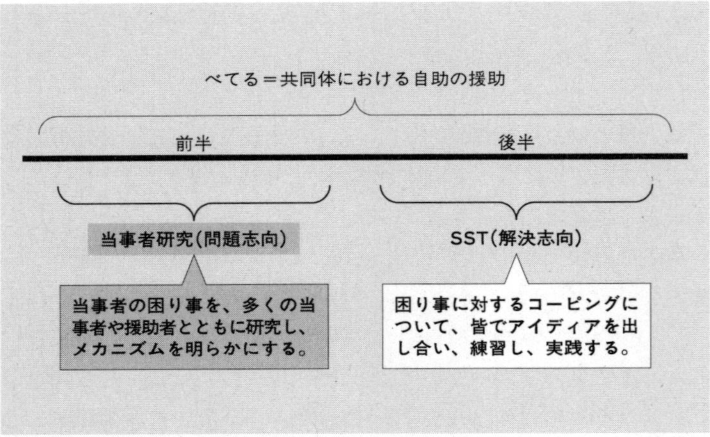
べてる＝共同体における自助の援助
前半
後半
当事者研究（問題志向）
SST（解決志向）
当事者の困り事を、多くの当事者や援助者とともに研究し、メカニズムを明らかにする。
困り事に対するコーピングについて、皆でアイディアを出し合い、練習し、実践する。

［図 2-3］べてるにおける当事者研究の位置づけ その 1

究の位置づけとが非常に似ているのではないかと考え、まず［図 2-3］のような図を描いてみた。

しかしどこかしっくりこない。そしてしばらくこの図を眺めているうちに、べてるの活動を直線的に表そうとしていることに無理があるのだと気がついた。

もちろん我々の実施する認知行動療法も、本当は［図 2-1］のように直線的に進んでいくわけではなく、蛇行したり戻ったりちょっと寄り道したりしながら徐々に進むものではあるのだが、それでも大ざっぱには、直線的に前に進んでいくイメージである。それはやはりどのケースにも、開始と終結があるからであろう。

しかしべてるはそうではない。第 1 章で述べたとおり、べてるの認知行動療法は、浦河での暮らしのなかに埋め込まれている。したがって“開始”とか“終結”といったことを想定する必要がない。

そこで筆者はあらためて、べてるの当事者研究と SST との関連

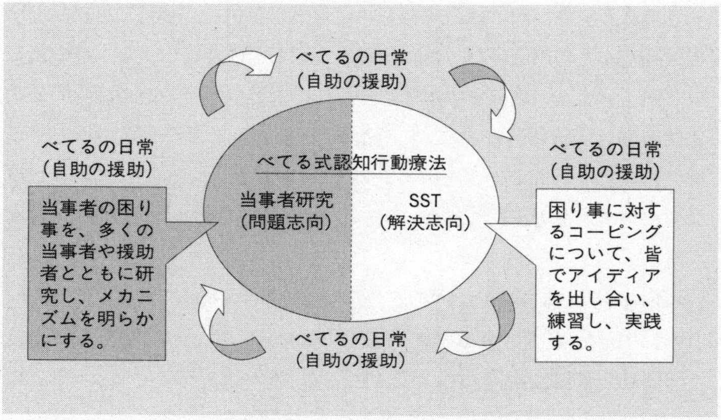

［図 2-4］べてるにおける当事者研究の位置づけ その2

について、さらにそれらとべてるの日常との関連までをも示すために、直線ではなく円環的な図を描いてみた。それが［図 2-4］である。

このような円環的な図であれば、べてるにおける認知行動療法的な活動である当事者研究と SST との関連（どちらが先でも後でもない）や、それらとべてるの日常生活との相互作用を、ある程度示すことができるように思われる。

認知行動療法におけるアセスメントとべてるにおける当事者研究の位置づけが似ていると思いきや、このように、かなり見た目の異なる図が二つできてしまったのだが、当事者の抱える困り事を具体的に明らかにするという意味では、両者とも同じ機能を有していることには変わりはない。

向谷地生良さんは、当事者研究のきっかけとなった出来事を、次のように紹介している。

浦河で「当事者研究」という活動がはじまったのは、2001 年 2 月の

ことである。きっかけは、統合失調症を抱えながら“爆発”を繰り返す河崎寛くんとの出会いだった。入院しながら親に寿司の差し入れや新しいゲームソフトの購入を要求し、断られたことへの腹いせで病院の公衆電話を壊して落ち込む彼に、「一緒に“河崎寛”とのつきあい方と“爆発”の研究をしないか」と持ちかけた。「やりたいです！」といった彼の目の輝きが今も忘れられない。 ［浦河べてるの家 2005：3］

向谷地さんは同書において、当事者研究で大切なことは、「問う」という営みを獲得することであるとし、そのエッセンスは、問題と人との切り離し作業を行ったうえで、問題＝苦労のパターンやプロセスや構造を解明することであると述べている。

これはまさに認知行動療法におけるアセスメントにほかならない。認知行動療法のアセスメントとべてるの当事者研究は、両者に共通するエッセンスである“問題志向”の象徴である（第1章参照）。しかしながら、べてるのネーミングは実に秀逸である。我々の用いる“アセスメント”という無味乾燥なカタカナ語より、“当事者研究”という呼び名のほうがはるかに魅力的である。上の向谷地さんの文章を読んでも、河崎さんは“研究”という言葉に惹かれた面が大きいのではないかと推察される。清水里香さんは、同書で次のように述べている。

これまで「研究」というのは、学歴のある専門家がわたしたちのような病気をした患者―当事者をどうやって治療するかを検討する方法だと思っていた。しかし、最近べてるでは、「当事者研究」と称して「自分で自分を研究する」ことが流行しはじめている。

これはとても大切なことだと思う。自分を知ることが、人を知る大切な要素となってくるからだ。とくに、当事者同士でつらい症状とのつき合い方を検討しあい、新しい方法を見い出すことが大切になってくる。その意味でも、この度の研究が少しでも多くの方々に関心をもっていた

だければ幸いである。 [浦河べてるの家 2005：107]

筆者はしがない臨床心理士ではあるが、客観的には「学歴のある専門家」ということにもなるのだろう。このように書くと謙遜めいていて、我ながら大変いやらしい感じがするのだが、はじめてべてるを見学しに行った2003年の夏、確かに筆者は認知行動療法の“研究者”の端くれとして、べてるを研究しようという意気込みを抱いていた。しかしそこで今は亡き林園子さんに出会い、べてるの当事者研究について教えてもらったとき、筆者は自分が研究者のつもりでべてるに行ったことなどすっかり忘れ、林さんの研究について夢中になって聴き入ってしまった。それほど林さんの研究は魅力的だったのである。

林さんは自分がすぐに強迫的にくどくなってしまうという問題を、「くどさの研究」として、その解明を試みた。その結果、(1) なやんでいるとき、(2) つかれているとき、(3) ひまなとき、(4) さみしいとき、(5) お金がないとき・お腹がすいているとき・お薬が切れているとき、という5パターンがあることが判明し、その頭文字を取って、「な・つ・ひ・さ・お」と命名して活用していた。そしてその研究成果を他の当事者や援助者と共有し、調子が悪くなると、「な・つ・ひ・さ・お」のうちどれに該当するかチェックし、きめ細かく対処していた。

林さん自身の当事者研究のあらましについては『べてるの家の「当事者研究」』[浦河べてるの家 2005] に詳しく記載されているので、ぜひそちらを参照されたいが、林さんにせよ、河崎さんにせよ、他のべてるのメンバーにせよ、我々の実践する認知行動療法よりもはるかにユニークな独自の当事者研究を展開しておられる。そのユニークさについては次節で検討することにして、ここでは1点だけ、べてるの当事者研究と認知行動療法のアセスメントとのさらなる共通点について述べておきたい。それは当事者研究がべてるに始まり、流行するようになった経緯である。

べてるの歴史では、当事者研究よりもSSTのほうがはるか昔から行われており、伝統がある（SSTは1980年代後半頃に始まり、当事者研究は2001年からということである）。SSTについて、向谷地生良さんは、次のように述べている。

> SSTとは、問題探しをしないで自律的な課題解決を促す手法ということができる。本来SSTは、「問題志向」ではなく「希望志向」に基づいたプログラムなのである。ポイントは、「良かったところ」の指摘と「さらに良くする点」の提案によってセッションが展開されることである。
> ［浦河べてるの家 2002：182］

おそらく河崎さんも数え切れないぐらいSSTのセッションを体験しただろうと思われる。しかし“爆発”は依然として河崎さん自身を苦しめていた。そして先に引用した病院の公衆電話の破壊に至るのだが、そこで向谷地さんが“研究”を提案し、そこから河崎さんの、そしてべてるの当事者研究が発展していった。上にも書いたが、その際“効いた”のが、やはり“研究”というネーミングだったと思われる。

> 「研究」という言葉の何が彼の絶望的な思いを奮い立たせ、今日までの一連の研究活動を成り立たせてきたのだろう。その問いを別のメンバーにすると、「自分を見つめるとか、反省するとか言うよりも、『研究』と言うとなにかワクワクする感じがする。冒険心がくすぐられる」と答えてくれた。
> ［浦河べてるの家 2005：3］

そして河崎さんは、爆発の原因を突き止めるとか、爆発した自分を深く見つめるとか、そういうことではなく、爆発という困り事そのものに距離を置き、そのメカニズムを解明する作業に乗り出していった。

筆者がたいへん興味深く感じるのは、べてるのSSTから当事者研究に発展する流れと、認知行動療法においてアセスメントが重視されるようになった流れとが、よく似ているように思われることである。

認知行動療法では当初、アセスメントは今ほど重視されていなかった。“問題志向”であることよりも、たとえばうつ病患者の“歪曲された思考パターン”を修正することに力点が置かれていたように思われる。つまり、当初は今よりも“解決志向”であったといえる。

しかし上記のとおり、認知行動療法の適用範囲が広がり、患者・クライアントの個別性をもっと考慮に入れて進めていく必要があることを、特に現場の臨床家たちが痛感するようになって、解決を志向する前に、「問題そのものがどうなっているのか」という問いを立て、アセスメントをしっかりと行うという方向に変化してきている。つまり、より“問題志向”へとシフトしている。

べてるの流れもそれと似ているように思われたので、そのことを本書の打合せ時に向谷地さんに尋ねてみたところ、「その通りです」とのことであった。やはりSSTで解決を志向する前に、その解決したい対象（=問題）がどうなっているのか、それをちゃんと調べる必要性が出てきたということである。向谷地さんによれば、当事者研究はSSTの「下ごしらえ」として重要なのだそうである。

「下ごしらえ」……、「なるほどなー」と思う。料理をする人であれば皆、下ごしらえがいかに重要であるか、知っているだろう。筆者はわりと料理が好きだが、実は下ごしらえは大嫌いである。しかし料理に下ごしらえが不可欠なのは知っているし、どんなに面倒くさくても、丁寧に下ごしらえをしておくと、その後の作業がうんと楽になることも知っている。だから大嫌いでも、面倒くさくても、やはり料理をするときには、時間をかけて下ごしらえをするしかない。どうせするのであれば、「よし、下ごしらえだ！」と、できれば楽しく取り組めたほうがよい。

我々の実践するアセスメントにおける数々の工夫（たとえばアセスメントツールや、ソクラテス式質問法など）も、べてるの当事者研究における数々の工夫（たとえば、"研究"というネーミングや、自己病名をつけるなど）も、その「下ごしらえ」のためのしかけである。「下ごしらえ」として十分に"問題"を志向し、解決に向けて準備を整える。そう考えると、[図2-1]や[図2-3]における、問題志向と解決志向との関係性が、よりスッキリとわかりやすくなる。

2-3 当事者研究から我々は何を学べるか

筆者は本章において、我々の認知行動療法におけるアセスメントとべてるの当事者研究の類似性についてこれまで述べてきたが、たとえば"研究"というネーミング一つとっても、そこにはべてるの特徴が際立っていると思われる。我々がべてるの当事者研究からさらに学べることは実に多くある。それらについて検討し、本章を締めくくりたい。

まず、認知行動療法のアセスメントがプレタポルテだとすれば、べてるのアセスメントは完全なるオーダーメイドであるという点である。認知行動療法のアセスメントでは、既成のモデルやツールを用いてアセスメントを行う（[図1-1][図1-5][図2-1]を参照）。

もちろん完全な既成ではなく、形式的な面での既成であり、その内容は当事者の個別性、独自性を最大限に活かすよう、我々も最大限の工夫をする。その意味で、単なる既製服というよりは、高級既製服、すなわち“プレタポルテ”であると言える（「高級」とは「お値段が高い」という意味ではなく、たとえ既成であれ、最大限、個々の顧客に沿ったアレンジをするという意味であるとお受け取りいただきたい）。

一方、べてるの当事者研究は、当事者が抱える個別の困難に合わせ、絵を描いたり、図や表を作ったり、人形やすごろくまで製作したりするなど、その形式面からして実に多種多様であり、まさにそれはフルオーダーメイドであると言える。

もちろん形式が定まっているということは、そのぶん制約＝構造があるということであり、第1章でも述べたとおり、援助者も当事者も構造化によって守られたり助けられたりする面もあるのだが、反面、構造による不自由さを感じるときがあることは否めない。そんなとき、べてるのオーダーメイド的当事者研究を思い起こし、普段の構造を超えて個別の当事者にマッチしたアセスメントができれば、我々ももっと自由に、もっと楽しく、当事者とともにアセスメントの作業に取り組めるのではないかと思う。

それは言い換えると、“徹底した外在化”とも言えるかもしれない。べてるの当事者研究は、まず“自己病名”をつけるところから始まる。のっけからユニークな外在化が行われるのである。我々のアセスメントはそこまで徹底していない。アセスメントを通じて徐々にツールに外在化していき、最終的にそれを既存の診断基準と照らし合わせて、診断に結びつけたりすることもある。せっかく外在化されたものを、既存のものに押し込めてしまうのである。

もちろん効率的にケースを展開していくためには、そのような作業が不可欠な場合もある。むしろ既存の診断がつくことによって、安心する当事者もいる。したがって我々は今の我々のやり方を放棄する必要はないが、一方で、のっけから自己病名をつけて外在化し、問題をあれこれと観察し、そのメカニズムが解明されていくなかでわかったことを、絵や図や表や人形やすごろくなど、ありとあらゆる手段を使ってさらに外在化するといった、べてるの徹底ぶりもぜひ覚えておきたい。そうすれば、少々ケースが行きづまっても、それを嘆くことなく、今よりもっと粘り強くアセスメントに取り組んでいけるようになるのではないだろうか。

また、アセスメントは一通りやってそれで終わりになるのではない、ということも、べてるの当事者研究を通じて、より明確に意識することができる。

もちろん我々も、アセスメントからコーピングへの流れを一度やっておしまいにするのではなく、それを何度でも繰り返せることは知っているし、ケースによっては実際にそのような流れを何度も繰り返すことはある。しかしあくまでも［図2-1］のように、「アセスメント→コーピング」という一方向的で直線的な流れに基づいてケースの進行をとらえていることに変わりはない。通常の治療やカウンセリングは、“開始”と“終結”を想定するため、そのようなとらえ方になるのは仕方がないし、必要なことかもしれないが、それでもどこかで［図2-4］のような円環モデルを念頭に置いておきたい。必要であれば、そして状況的に許されるのであれば、何度でもアセスメントとコーピングをぐるぐると巡ればよいのである。

そもそも認知行動療法が当事者自身の自助のために行われるのであれば、援助者との認知行動療法は終結になっても、当事者自身の認知行動療法はずっと続いていくことになる。であれば、なおさら援助者も当事者も円環モデルを心に留めておくことが助けになると思われる。

さらに、「問題をあくまでも大事にしつづける」というべてるの当事者研究のあり方からも我々は学ぶことができる。たとえば河崎寛さんは、爆発を食い止めるために爆発の研究をしているわけではない。当事者研究を通じて、爆発はむしろ必要なものであると認め、「瞬間爆発」から「ゆっくり爆発」へと、爆発のあり方が変化することを目指している。

筆者は河崎さんの当事者研究の報告を読んだとき、第1章で紹介したA子さんの事例を即座に思い出した。新米心理士だったときに担当したこの事例に対し、筆者はずっと心のどこかでひっかかりを感じていた。A子さんは筆者との認知行動療法を通じて、自傷行為を止めるどころか、自傷の技術にさらに磨きをかけたという経緯があり、「本当にそれで良かったのか」という問いがずっと筆者のなかにあった。

しかし本当にそれで良かったかどうかなんて、実は誰にも判断できるはずはない。少なくともA子さんと筆者は、自傷行為を否定することなくアセスメントを行った結果、自傷行為がコーピングであることを“発見”し、それを大事にすることを納得して選択した。そして河崎さん風に言えば、「切迫したリストカット」から「絶妙な技を発揮してのリストカット」へと、自傷のあり方が変化していった。筆者は河崎さんの事例を知って、そういうとらえ方でもよいのではないだろうか、と少し思えるようになった。

A子さんの事例に筆者がずっとひっかかっていたということは、筆者が“問題志向”と言いつつも、どこかで問題を大事にしきれていなかったということなのだろう。今でも援助者として、自分にそういう面があることを自覚することが、ときどきある。そういうとき、べてるの当事者研究の「あくまでも問題を大事にしつづける」というあり方を思い出せれば、我々援助者のほうがまず気を取り直すことができそうである。

最後に、アセスメントおよび当事者研究が実施される“場”について言及しておきたい。我々の認知行動療法の場合、アセスメントは通常、援助者と当事者でなされる［図 2-5 A］。第三者が絡むとしても、それはせいぜい家族や他の援助者（主治医、コメディカル）や職場関係者である。しかもそれは必ず当事者の許可を事前に得ておく必要がある。その意味では、やはりアセスメントに絡むのは、まず援助者と当事者の二者であると言える。

一方、べてるにおける当事者研究には、複数の他者（当事者や援助者）が絡むことが前提となっている［図 2-5 B］。しかもそれらの他者は第三者として絡むというよりは、それぞれが当事者として絡んでいるように思われる。それはそれらの他者がすべて当事者として、浦河という町で暮らし、生活の場をともにしているからだろう。つまり生活の場を共有する人びとが、その生活において困り事を抱える仲間の当事者研究において、同じ当事者として協力する、ということになる。

認知行動療法のアセスメントには、当事者自身によるセルフモニタリング（自己観察）が不可欠であるが、べてるの場合、“セルフモニタリング”というよりは、“仲間モニタリング”が行われ、それがアセスメント＝当事者研究に目一杯活かされているように思われ

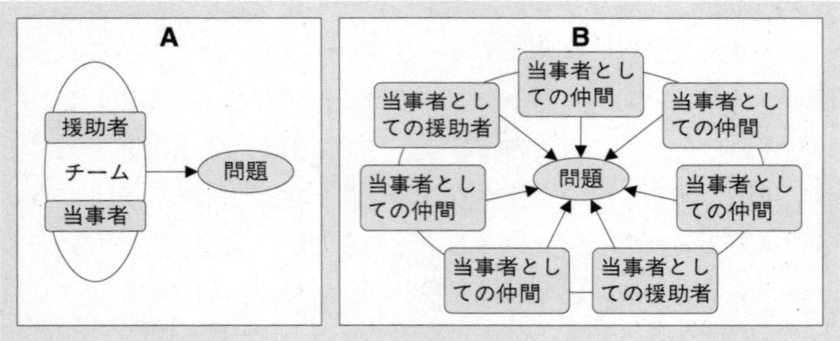

［図 2-5］認知行動療法における「アセスメント」とべてるにおける「当事者研究」のイメージ（A：認知行動療法　B：べてる）

る。それは何と豊かな営みであろうか。[図 2-5] の A と B を一見するだけで、べてるの当事者研究の豊かさが実感される。

確かに認知行動療法は他の心理療法のアプローチに比べ、援助者と当事者が“協同的問題解決”のためにチームを組むという理念を持つがゆえに、そのぶん孤立感が薄れる感じがする。しかし、それでもなお筆者には、援助者と当事者が 2 人だけで“ポツン”と孤立しているようなイメージが生じてしまう。我々の認知行動療法で当事者が暮らしのなかでかかわっているのは、援助者ではなく、家族や職場や地域の人たちである。筆者はそのような家族、職場、地域、共同体を認知行動療法にどう組み込んでいくか、ということに大いに関心がある。

今はまだ、そのための理論も方法論も具体的に思いつくことができないが、べてるの当事者研究の豊かさを念頭に置きながら、それらについても模索していきたいと考えている。

以上、本章では、我々の実践する認知行動療法のアセスメントと、べてるの当事者研究についてあれこれと論じてみた。筆者は何も、べてるの当事者研究が最高であると主張したいわけではないということを、最後に強調しておきたい。

アセスメントや当事者研究のあり方は、それをどのような場で行うかによって、自ずと規定される面が大きいと思われる。そして援助者であれ、当事者であれ、自分がどのような場でアセスメント＝当事者研究にかかわっていくかということは、ある程度選択できることでもある。あるいは自分でどのような場を作っていくかということも、まったく選べないわけではないだろう。たとえば筆者がべてるの当事者研究こそが最高で、我々のアセスメントはそれに劣ると心底思うのであれば、浦河に押しかけてべてるに入れてもらうなり（それが可能かどうかは別の話であるが）、筆者自身が今、自分の暮らす場でべてる的な共同体を作る試みをすることだってできるはずである（それが本当に可能かどうかもやはり別の話ではあるが）。

しかし筆者は、今、自分たちがいる場所で、これまで行ってきたこと、そして今現在行っていることを礎にして、そこから自分たちのアセスメントを見つめ、豊かにしていきたいと思っている。べてるはべてるで同様であろう。そして我々やべてるの実践のほかにも、さまざまなアセスメントや当事者研究のあり方があるだろう。筆者は、それらを比較して良し悪しを検討するのではなく、それぞれのアセスメントや当事者研究のあり方を共有する場を設け、検討していきたいと考えている。そしてそれぞれの持ち場を大事にしながら、それぞれのあり方をさらに豊かにしていけるような対話を続けていければよいのではないかと思う。本書はそのための一つの試みである。

●参考文献

伊藤絵美 2005『認知療法・認知行動療法カウンセリング 初級ワークショップ』星和書店

Nezu, A.M. et al. 2004 *Cognitive-Behavioral Case Formulation and Treatment Design.* Springer

浦河べてるの家 2002『べてるの家の「非」援助論』医学書院

——— 2005『べてるの家の「当事者研究」』医学書院

第3章

問題解決法とべてるのSST

山本真規子

本章では、認知行動療法の二大技法の一つである問題解決法と、「べてるの家」のソーシャルスキル・トレーニング（Social Skills Training：以下、「SST」と表記）について検討する。まず認知行動療法における問題解決法を紹介した後、問題解決法の視点から「べてるの家」のSSTを検討する。最後に、両者を比較検討してみる。

3-1　認知行動療法における問題解決法

認知行動療法には、認知再構成法と問題解決法という二大技法がある（第1章参照）。ごく大ざっぱにいうと、認知再構成法は「どう考えたらいいか」という認知の部分に、問題解決法は「どう動いたらいいか」という行動の部分に焦点を当てる技法である。

問題解決法の手順は以下のとおりである。

❶問題を受け入れる
❷問題を具体化する
❸現実的な目標を立てる

❹目標を達成するための手段を考える
❺実行計画を立てる
❻計画を実行し、結果を検証する

❶〜❻について、具体例を通じて解説してみよう。Aさんという大学3年生の男性がいた。彼はアパートに下宿していたのだが、同じアパートの住人に挨拶ができなくて困っていた。

❶問題を受け入れる

「問題を受け入れる」とは、何か困り事があったときに「信じられない！」「なかったことにしよう」とそれを否定したり回避したりしようとするのではなく、「仕方がない。今の自分にはこういう問題があるんだ」「自分はどうやらこのことで困っているぞ」というように、「問題がある」ことを認めてしまう、ということである。いわば「前向きなあきらめ」のようなものである。

単純なことだが、問題があって困っている場合は、意識的に問題を受け入れることが効果的であることが、さまざまな研究から確かめられている。

Aさんは「挨拶のできない自分」について、うすうす気づいてはいたが、さほど気に留めていなかった。しかしアパートに遊びに来た友人が、Aさんが隣の奥さんとすれ違うとき、奥さんからわざわざ挨拶してくれたのにもかかわらずそれに対してAさんが何の反応も示さなかったのをたまたま見かけ、「おまえ、それっておかしくねえ？ ふつう、隣の人には挨拶ぐらいするんじゃないの？」とAさんに指摘した。Aさんはそのようにはっきりと言われて、「確かにそうだよな。本当は挨拶したほうがいいもんな。隣の人だし、しかも向こうはいつも挨拶してくれるし……。それに本当は自分だって挨拶したいんだよな。奥さん、きれいな人だし。でも自分は挨拶って苦手なんだよな。したいんだけどなかなかできないんだよな」と意識するようになった。

❷問題を具体化する

この段階では、単に「挨拶ができなくて困っている」という困り事を、さらに具体的に明確化する。“誰が・いつ・どこで・何について・どんなふうに困っているのか”を具体的に表現するのである。

Aさんは、朝のゴミ出しのとき、アパートのゴミ置き場でよく隣の奥さんと鉢合わせするのだが、その際、相手のほうから「おはようございます」と挨拶してくれるというのに、それに対してドギマギしてしまい、うんともすんとも答えることができず、そそくさと逃げ帰るようにアパートに戻ってしまう。奥さんに変に思われたのではないかと心配だし、せっかく挨拶してもらったというのにろくに返事もできない自分が嫌になって、落ち込んでしまう。

上記の友人の指摘のように、Aさんはゴミ出し以外の場面でも隣の奥さんの挨拶にろくに返事ができないのだが、それらすべてをいっぺんに扱うのではなく、わかりやすい場面を一つ切り取って具体的に表現するのが、「問題を具体化する」にあたってのコツである。上のように表現すると、Aさんの問題＝困り事がかなり具体的に理解できるだろう。

❸現実的な目標を立てる

問題が具体化されたら、今度は目標を立てる。この場合重要なのは、ちょっと頑張れば達成できそうなレベルの目標にとどめておく、ということである。現実的に達成が可能でありそうな目標を立てるのである。Aさんの場合、「隣の奥さんにゴミ置き場でばったり会ったとき、自分から元気よく『おはようございます！』と挨拶する」ということがもし本当にできれば理想的なのかもしれないが、それは今のAさんにとってはあまりにも高望みであり、現実的な目標とはいえない。結局Aさんは次のような目標を設定した。

朝のゴミ出しのとき、アパートのゴミ置き場で隣の奥さんと鉢合わせして、相手のほうから「おはようございます」と挨拶してくれたとき、少なくとも奥さんのほうを向いて、「おはようございます」と挨拶を返せるようになりたい。

❹目標を達成するための手段を考える

現実的な目標を立てたら、それを達成するためにどんなことができそうか、具体的な手段をあれこれと考えてみる。一つひとつのアイディアについて、「これはよい」とか「やっぱりこれは無理だ」といった評価をせずに、まずはできるだけたくさんのアイディアを考え出し、それらを紙に書き出すのがこのときのコツである。これを“ブレインストーミング”と呼ぶ。Aさんは、奥さんに「おはようございます」と言われた瞬間に自分に何ができそうか、ブレインストーミングを通じて以下のアイディアを考え出した。

- 奥さんのほうを向く。
- 奥さんの目を見る。
- 奥さんの首元を見る（目を見るとますます緊張するので）。
- ニコッと笑顔を作ってみる。
- 「ウィッス」と答えてみる（友だちとの普段の挨拶はいつも「ウィッス」である）。
- 「あ」と言って、軽く頭を下げる。
- 「あ、どうも」と言って、軽く頭を下げる。
- 何も言わずにとにかく軽く頭を下げる。
- 「おはようございます」と小さな声でつぶやいて、軽く頭を下げる。

・「おはようございます！」と大きな声で言って、軽く頭を下げる。
・「おはようございます！」と大きな声で言って、深々と頭を下げる。

❺実行計画を立てる

ブレインストーミングによっていろいろなアイディアを考え出したら、とりあえず良さそうなものをそのなかから選び、実行計画を立てる。このときも欲張らないことが肝要である。「目標を達成するために、ひとまず何ができそうか」という感じで、気楽に選んで、組み合せてみるとよい。A さんが立てた計画はこうである。

朝のゴミ出しのとき、アパートのゴミ置き場で、隣の奥さんと鉢合わせして、相手のほうから「おはようございます」と挨拶してくれたとき、奥さんのほうを向いて、目を見ると緊張するのでとりあえず奥さんの首元あたりに視線をやり、小さな声でいいから「あ、おはようございます」と言って、とにかく軽く頭を下げてみる。

❻計画を実行し、結果を検証する

最初に述べたとおり、問題解決法とは行動に焦点を当てた技法である。つまり頭の中で計画を立てるだけではなく、その計画を行動に移すことが重要である。行動に移してみてはじめて、計画がそれで良かったのかどうか検証できるのである。A さんは意を決して、ある朝、上記の計画を実行してみた。

朝のゴミ出しのとき、アパートのゴミ置き場で、隣の奥さんと鉢合わせした。奥さんはいつものように、自分から「おはようございます」と挨拶してくれた。A さんは「いよいよ計画を試すときが来たぞ」と思い、とても緊張したが思い切って奥さんの方に振り向き、奥さんの首元あたりに視線を向け、「あ、あ、あ、おはようございます」と言った。どもってしまったし、ほとんどつぶやき声であったが、何とか挨拶を返すことができた。奥さんは初めてAさんが挨拶を返したので、ちょっと驚いたようであったが、Aさんの挨拶にニコッと笑ってくれた。

計画を実行すれば、何らかの結果が出る。その結果について検証することも重要である。今回Aさんは、無事挨拶を返すことができ、奥さんにニコッとしてもらえるというおまけまでついたので、「❺で立てた実行計画は、まあこれでよかったのだ。今後も当面、このやり方でいこう」という結論を出した。

しかし万が一、あまりにも緊張して声も出なかったなど、計画通りにコトが運ばなかった場合でも、そこでがっかりする必要はない。再度❹で出されたアイディアを眺めて、「最初から声を出そうとするから失敗したんだ。じゃあ次は、とにかく奥さんのほうに身体を向けて、軽く会釈をするだけにしてみよう」というように、別の計画を立て、実行に移せばよいのである。このように、計画は何度でも立て直すことができる。

以上が認知行動療法における問題解決法の紹介である。

3-2 べてるのSSTの実際

次にべてるのSSTについて考えてみたい。SSTとは、生活上の障害を改善するためのトレーニング法で、「生活技能訓練」と訳される場合もある。

SSTはグループで行われる。具体的にはその日の話題提供者が、自分の抱えている問題や課題や目標を皆に提示する。それを参加者全員で検討してさまざまなアイディアを出す。それを一つの対処法にまとめてみて、ロールプレイで練習する。参加者はロールプレイを見て、「良かった点」「さらに良くする点」など感想を述べる。それらを受けて、話題提供者は現実の生活で対処法を実際に試してみる。向谷地生良さんが述べているように、べてるではSSTが非常に重視されている［浦河べてるの家 2002］。

べてるでは実際にどのようにSSTが行われているのであろうか。筆者は2005年に、本書の執筆者の一人である伊藤絵美と一緒に浦河を訪問し、いくつかのSSTのセッションを見学させてもらった。その一つについて伊藤が作成したレポートを本書付録に収載したので、それを以下に引用する。

その日のSSTでは、千高さんという20代の女性が話題提供者となっていた。彼女は統合失調症を抱え、日ごろから幻聴に悩まされていた。

いちばん興味深かったのは、上記(2)のセッションである。これは前述の千高のぞみさんが主役の練習セッションであった。現在、千高さんは50～100人の幻聴さんがいて、彼女に嫌がらせをしてくるそうである。なかでも「ムカつく」「謝れ」「腹立つ」などといって責めたててくる幻聴さんたちに困っておられるそうで、最近では幻聴警察が出動して助けようとしてくれることもあるが、何しろ幻聴警察には10人ぐらいしかいないので、負けてしまうのだそうだ。またべてる流の幻聴さんへの対処法である「幻聴さんに対するお願い」をしてうまくいくときもあるが、ときには逆ギレされて、幻聴さんに背中を叩かれることもあるそうで、今回は、そういうしつこい幻聴さんへの対処法を練習したいということであった。

参加メンバーから3名が選ばれて（選んだのは千高さん自身）、その3名が千高さんの背後で、彼女の背中を叩きながら口々に、「ムカつく」「謝れ」「腹立つ」と言いつづけるというロールプレイをまず行って、彼女の体験を再現した。これを見ると、幻聴さんのしつこさにいかに当事者がつらい思いをするか、というのが、ものすごい迫力をもって実感された。

次に、対処法がメンバーやスタッフから提案され、「幻聴さんを笑わせればよい」というアイディアもあったが、千高さんは、「幻聴さんに丁重にお引取りを依頼しつつも、幻聴警察にもっと助けてくれるようお願いする」という課題を選択して、再度ロールプレイを実施した。具体的には、背後で「ムカつく」などと幻聴さんに背中を叩かれながらも、「幻聴さん、お願いですからお帰りください。そして幻聴警察さん、よろしくお願いします」と何度も声に出して言ってみる、という練習が行われた。ひとしきり練習して、千高さんは何かをつかんだようで、「わかりました。やってみます」とのことでこの練習セッションは終了になった。

[本書付録 222 頁]

3-3 問題解決法から見たべてるの SST

ではべてるの SST、具体的には上で紹介した千高さんの SST のセッションを、問題解決法という視点から考えてみたい。

「べてるはいつも問題だらけ」▶問題を受け入れ、具体化する

問題解決法の第一歩は、問題を受け入れ、それを具体化することであるが、それは言い換えれば「問題解決法のネタ探し」である。ネタがないと問題解決法はできない。その点べてるの SST ではネタに困ることがないらしい。というのも、そもそもべてるの日常はいつも「問題だらけ」だからである。日常にたくさん問題が転がっているので、SST のセッションの題材に事欠くことがないのである。

見学に行った際、べてるのメンバーやスタッフに話を聞かせてもらったのだが、べてるでは日ごろから何かあると、「今度、それ

SSTでやればいいよ」とお互いに言い合うそうである。つまりべてるでは日常生活における「困り事」から目をそむけるのではなく、むしろ「SSTの題材」として歓迎するのである。

これは問題解決法の❶「問題を受け入れる」にほかならない。しかもSSTのセッションに入る前に、ある程度皆に問題が共有されているという利点がある。

したがってSSTのセッションにおける「問題の具体化」も非常にスムースである。たとえば上の千高さんのSSTでは、向谷地悦子さんがリーダーを務めていた。悦子さんも千高さんが幻聴に悩まされていることはすでに知っていたため、最初の質問は「幻聴さんに悩まされているんだって？」というものであった。

通常のSSTでは、最初にリーダーが発する質問は、おそらく「どんな問題を抱えているの？」というものだろう。しかしべてるでは千高さんの困り事が日常生活レベルですでに共有されているので、最初から非常に具体的な質問を投げかけることができるのである。

このように見てみると、べてるでは問題解決法の❶❷「問題を受け入れ、具体化する」ということが、SSTのセッションの前から、日常生活レベルで行われているということになる。向谷地生良さんは「『具体的な暮らしの悩み』として問題を現実化したほうがいい。それを仲間どうしで共有しあい、その問題を生き抜くことを選択したほうが実は生きやすい」[浦河べてるの家 2002] と述べているが、そのような姿勢がべてる全体に根付いているのだろう。

仲間が協力して問題を「実演」する▶さらに問題を具体化する

べてるのSSTでは、話題提供者にただ単に問題について語ってもらうだけでなく、仲間が協力してその問題を実演する。たとえば千高さんのSSTでは、リーダーの向谷地悦子さんが「(幻聴さんが) 背中を叩くって、一体どう叩くの？」と質問したり、参加メンバーが「(複数の幻聴さんの) 声の大きさは皆同じなんかい？」と質問したりしていた。そのような質問に千高さんが答えることで、幻聴さんのあり方が非常に具体化されていく。そして実際に3人のメンバーが「幻聴さん役」を引き受け、千高さんの背中を叩きながら実際の幻聴さんの言葉を再現してみせたのである。

このような「実演」によって、いかに幻聴が千高さんをしつこく苦しめているか、参加者全員はそれをリアルに実感することができる。問題解決法の❷「問題を具体化する」が、ここまでリアルにできるということを、筆者はこのセッションから大いに学んだ。

参加メンバーが口々にアイディアを出す▶目標を達成するための手段を考える

問題がリアルに具体化された時点で、「しつこい幻聴さんに対処する」という課題が千高さんの具体的目標としてしっかりと皆に共有された。リーダーの悦子さんはごく自然に参加者全員に対して「どうしたらいいだろう？」と問いかけたところ、皆は口々に自分のアイディアを出していた。

それはたとえば「幻聴さんにもっとお願いしてお帰りいただく」「幻聴さんを笑わせる」「幻聴警察をもっとたくさん呼ぶ」といったものであった。しかも一つひとつのアイディアにいちいち評価を下すわけではなく、皆、本当に伸び伸びと自分のアイディアを発言していた。つまり「ブレインストーミング」などとわざわざ言わなくても、自然に皆でブレインストーミングを行っていたのである。

計画を立てロールプレイで練習する▶実行計画を立てる

千高さんは「幻聴さんにより丁重にお引取りを依頼しつつも、幻聴警察にもっと助けてくれるようお願いする」というアイディアを選んだ。リーダーの悦子さんは「どんな風にお願いする？」と質問し、アイディアを具体的な実行計画に変換するよう千高さんをリードした。結局、幻聴に対しては「幻聴さん、お願いですからお帰りください」と語りかけ、幻聴警察には「幻聴警察さん、よろしくお願いします」とお願いすることになった。

これでもう実行計画は決まったようなものだが、さらにこれらのセリフを千高さんはロールプレイで練習した。もちろん先ほどの3名の参加者が幻聴役として協力している。前出の伊藤のレポートにもあるように、実際にロールプレイで計画を予行演習してみて、千高さんは何かをつかんだようであった。このように問題解決法の❺「実行計画を立てる」は、べてるのSSTにおいては単に計画を立てるだけでなく、ロールプレイによる予行演習までついてくる。

―――「わかりました。やってみます」▶計画を実行し効果を検証する

問題解決法の最後のステップは❻「計画を実行し効果を検証する」というものだが、上記のとおりべてるのSSTでは、セッション内でロールプレイを通じてリアルな予行演習ができるため、それだけで計画の実行可能性はかなり高まるだろう。

千高さんはロールプレイの後、「わかりました。やってみます」と言っていたが、それは通り一遍の「やってみます」という宣言ではなく、「ああこれで千高さんは次に幻聴さんにしつこくされたとき、本当にこういうふうにやるんだろうなあ」と周囲に思わせるような実感のこもった宣言であった。

実際、次のSSTで千高さんは、今回計画を立てた対処法を実施してみてどうだったか、結果を報告するようリーダーに求められるだろう。そしておそらく千高さんだけでなく、その報告を皆で検証するのだろう。また日常生活が共有されているべてるであれば、SSTのセッションでなくても、参加メンバーの誰かが浦河の町で次に千高さんに会ったとき、「どう、あの対処法実行してる？」「幻聴

さんにお願いしてみてどうだった？」と尋ねるかもしれない。

このようにして問題解決法の❻「計画を実行し、結果を検証する」というプロセスは、べてるではごく自然な流れのなかで行われていることが推測される。

3-4　べてるのSSTと認知行動療法の問題解決法

以上、べてるのSSTを認知行動療法の問題解決法という視点から整理してみた。最後に、我々認知行動療法家が個人のクライアントに対して実施する問題解決法と、べてるのSSTにおける問題解決法について比較検討してみたい。

第1章で強調されている通り、「“しょぼい問題”をあえて問題として大事にする」という点では、べてるも認知行動療法も同じである。認知行動療法で問題解決法を実施する場合、我々はくどいぐらいに「日常的な困り事を出してください」とクライアントにお願いする。日常生活が「問題だらけ」のべてるでも、同様に、日常生活の困り事が当然のようにSSTのセッションで話題とされているようである。

一方両者の大きな違いは、問題解決法で扱われる問題が「誰の問題か」ということだろう。

認知行動療法で扱うのは、当然のことながらクライアントが抱えている問題であり、我々援助者の日常的な問題がセッションで扱われることはまずない。問題解決法の当事者はクライアントに限定されている。また我々は守秘義務があるから、他のクライアントが抱える問題や、他のクライアントが実施した問題解決法について、それを別のクライアントに対して詳しく紹介することはできない。

つまり認知行動療法における問題解決法では、個別のクライアントの個別の問題だけを扱うことになり、クライアント同士が他のクライアントの問題やその解決法を共有する機会を持たないのである。

しかしべてるはそうではない。べてるには当事者も援助者も複数存在し、SSTというグループワークを通じて定期的に問題解決法を実施している。しかも「べてるはいつも問題だらけ」というキャッチフレーズからもわかるとおり、日常において当たり前のように問題が存在し、皆がそれを当たり前のように受け入れているという土壌がある。

認知行動療法では、問題解決法がわざわざ「技法」として実施されるが、べてるにおける問題解決法は、皆の手でごく自然に実施される日常的な営みなのである。

認知行動療法を受けに来たクライアントの場合、「問題解決法という技法を練習しましょう」という合意ができて、はじめて技法として問題解決法を学ぶことになる。しかし新たにべてるのメンバーに加わった新人は、「問題解決法を学ぼう」とわざわざ意識しなくとも、「問題だらけ」のべてるで生活し、日常の合間に行われるSSTのセッションに参加していれば、自然な形で何度も問題解決法を体験することになるだろう。しかも自分の問題だけでなく、他のメンバーやスタッフの問題を目の当たりにし、さまざまな問題解決のあり方をリアルに体験することができるだろう。そうしているうちに、「問題解決法」とわざわざ意識しなくとも自然と問題解決法の考え方ややり方が身につくことになるだろう。そして次に来た新たなメンバーに、自然な形で問題解決法を教えてあげることになるだろう。

このように考えてみると、認知行動療法における問題解決法とべてるにおける問題解決法は、基となる考え方やプロセスは非常に似ているが、認知行動療法が一方向的であるのに対して、べてるでは双方向的、多層的で、しかも自然な形で行われているという大きな相違点が見られる。

べてるの問題解決法はその意味でとても豊かである。そしてその豊かな問題解決法を支える重要な営みとしてべてるのSSTがある。我々認知行動療法家は、べてるのSST、そしてべてるの問題解決法から、その豊かさを学び、自分たちの問題解決法のあり方をさらに工夫していきたいものである。

●参考文献

D'Zurilla, T.J. 1986 *Problem-Solving Therapy*. Springer（丸山晋監訳 1995『問題解決療法』金剛出版）

向谷地生良 2006『「べてるの家」から吹く風』いのちのことば社

浦河べてるの家 2002『べてるの家の「非」援助論』医学書院

第4章

幻覚・妄想へのアプローチ

森本幸子

本章では、幻覚・妄想に対する認知行動療法とべてるで行われているアプローチについて検討する。まず最初に、幻覚・妄想に対する認知行動療法について説明する。続いて、当事者研究に焦点をあて、べてるにおける幻覚・妄想へのアプローチを認知行動療法的な視点から整理する。最後に両者の関係についてまとめる。

4-1 認知行動療法における幻覚・妄想へのアプローチ

幻覚や妄想は統合失調症の代表的な症状である。抗精神病薬による治療は、統合失調症の急性期症状や再発の防止に効果があると言われ、統合失調症治療の第一選択である。しかしながら、薬物治療を行ってもなお幻覚や妄想が消えずに苦しんでいる患者さんも少なくない［Johnstone & Sandler 1998］。

そこで最近では、薬物療法に加えて心理療法を行うことで治療効果を高めようという試みが行われており、認知行動療法も薬物療法とともに治療に用いられている。以下に認知行動療法による幻覚や妄想に対するアプローチについて紹介したい。

幻覚や妄想に対する従来のオーソドックスな治療では、症状を強化してしまう危険があるため、治療において症状を話題にするのはタブーであるというのが一般的であった。しかし認知行動療法では、患者さんのもつ幻覚や妄想を否定しないように気をつけながら、しかし決して肯定もせずに、幻覚や妄想についてのアセスメントを進めて介入を行っていく。まずこの点が、幻覚や妄想に対する認知行動療法の大きな特徴だと考えられる。

次に示す妄想への認知行動療法の記録の一部を見てほしい（〈 〉内は治療者の発言を指す）。

ここにくる途中でも 5 人に 1 人は俺のことを噂してるんです。
〈どうしてわかるの？〉顔をそむけるから。俺の嫌なところがわかってるはずです。
〈5 人に 1 人ということは……、5 人に 4 人は噂していないんだね？〉
そういうことになりますね……。顔をそむけないから。でも、その人たちも俺のことをおかしいと思っているんです。
〈もしそれが本当だとすると、どういうことになるかな？〉嫌な気分ですよ。もう最低です。
〈そんな気分になったらどうしてるの？〉うーん、まあ、我慢してやろうみたいな。
〈全然我慢できない状態を 100 とすると今はどのくらい？〉70 くらいかな……。
［バーチウッド&ジャクソン 2006：183］

上記のやりとりから、「噂をされている」という妄想を治療者は肯定も否定もしないで、妄想が患者さんの気分・感情に与えている影響を明らかにしていく過程がわかるだろう。このようにアセスメント段階では、幻覚や妄想が患者さんの認知、気分・感情、行動、身体反応とどのように関係しているのかを明らかにする。

上記の例で考えると、患者さんが「他人が顔をそむけた」のを見て生じた「俺の嫌なところがわかっているんだ」という認知（妄想）は、「嫌な気分」や「我慢する」という行動につながっていることがわかる。

アセスメントの次の段階では目標を設定する。幻覚・妄想に対する認知行動療法の治療目標は、治療者と患者さんがともに納得できるような症状に対する別の見方を見つけることである。ここでの重要なポイントは、ストレスと関連づけて症状を説明する見方を見つけることである。

部屋で勉強をしていると、アパートの隣人が自分に試験勉強をさせないようにするために自分の悪口を言ってくるという幻聴や妄想を持つ患者さんの例を用いて目標設定について考えてみたい。この場合、幻聴について、いつ、どんなときに、どんな声で聞こえるのかということを詳細にアセスメントしながら、試験のストレスや勉強のために睡眠不足になることが声の発生に関係していることを明らかにし、最終的には、「声は隣人のものではなく、強いストレスがあるときや寝不足のときに聞こえるようだ」のような、患者さんと治療者がともに納得できるストレスと症状の発生とを関連づけた新たな見方ができるようになることが治療目標となる。

目標が設定され、症状への具体的な介入の段階に入ると、実にさまざまな技法が用いられる。そのなかから、ここでは「現実検討」という技法を取り上げたい。現実検討とは、信念が妥当なものかどうかを調べるために実験をしてみることである［バーチウッド&ジャクソン 2006：135］。

上記の学生の例で説明すると、「もし隣人が自分の試験勉強を妨害しようとして悪口を言ってくるのであれば、その声は他の人にも聞こえるはずである」という仮説を立てて、親兄弟や友人などの信頼できる人に確認してみることで「悪口を言う声」について検証する方法があるだろう。もちろん、他の仮説を立てて検証することでもかまわない。要するに患者さんと治療者が一緒に「悪口を言う声」についての仮説を立て、その仮説を検証しながら「悪口を言う声」について理解を深め、最終的には目標段階で設定したような別の見方ができるようになることを目指す。上記の例では「ストレスが強いときに"悪口を言う声"は心の中で聞こえてくるらしい」という見方を治療者と患者さんがともに納得して受け入れることができるようになればよいのである。

このような別の見方ができるようになると、症状の出現頻度や影響力、確信の度合いが低下すると言われている［キングドン&ターキングトン 2002：223］。

症状への介入では、症状に対する対処法を検討することも重要だと言われている。もちろん、患者さんによってはすでに症状への対処法を身につけている場合も多い。よく報告される対処法には、姿勢を変える、誰かと話すなどのなんらかの新しい行動を起こす対処法や、音楽を聴くなどの緊張を緩和させる対処法、そして幻聴を無視するなどの認知的対処法などがある［キングドン&ターキングトン 2002：108-112］。

これらの対処法はいずれも、症状の軽減や症状に伴う苦痛の軽減に効果があるようだ。しかし場合によっては、すでに用いられている対処法が効果的どころか実は症状を悪化させている場合もあるので、患者さんと相談しながら効果的な対処法にはどのようなものがあるのかについて話し合うことが必要である。

たとえば、「悪口を言う声が聞こえてきたら、実家に電話をして会話に集中し、悪口に気を向けないようにする」などの新しい対処法を考え出したら、この対処法が本当に効果的なのか、また症状が出てきたときにうまく使えるのかということをホームワークの課題にして、次回のセッション時にその効果について確認するとよい。

もし、患者さんから、新たな対処法がうまくいかなかったというフィードバックがあれば、どこがうまくいかなかったのかを確認し、セッションやホームワークなどに対処法の練習を取り入れながら、新たな対処法をきちんと身につけることができるようにする。

このように、抑うつや不安に対する認知行動療法と同じように、幻覚や妄想に対する認知行動療法でも、アセスメントから始まり、目標設定、技法の導入や対処法の検討などを通して症状に対する新しい見方や新しい対処法を身につけることを目指す。

ところで、認知行動療法は幻覚や妄想に対してどれくらい効果があるのだろうか。最近の研究では、その大半で、認知行動療法は効果があるという結果が得られている。といっても、認知行動療法によって幻覚や妄想が完全に解消されるわけではない。現状では、効果がないという研究よりは効果があるという研究結果のほうが多いという程度であり、認知行動療法は幻覚・妄想に対して何の治療効果も持たないと考えている研究者もいる。

治療効果が一貫していない理由はいろいろ考えられるが、その理由の一つにはやはり幻覚や妄想といった症状特有の難しさがある。幻覚や妄想を持つ場合、治療者に対して猜疑的になりやすく、信頼関係が結ばれるまでに多くの時間が費やされてしまうこともしばしばである。また、信頼関係が築かれている場合でも、従来のオーソドックスな治療では症状について話題にすることがタブーであったため、患者さん自身がなかなか症状について語らないということもあるだろう。

このような理由から、幻覚や妄想に対する認知行動療法では、豊富な臨床経験と統合失調症に関する正確な知識を持つ治療者がケースを担当すべきだという考え方があるようだ。もちろん熟練者の場合であっても、すんなりと症状へ介入できるのは稀であり、実際には、幻覚や妄想の話題に触れつ戻りつを繰り返しながら治療が行われていく。

4-2 べてるにおける幻覚・妄想へのアプローチ

次に、べてるにおいて行われている当事者研究を通して、認知行動療法という切り口からべてるにおける幻覚・妄想へのアプローチについて述べたい。

幻覚・妄想の当事者研究はいくつか行われているが、そのなかから、臼田周一さんの「"暴走型"体感幻覚の研究」を例にあげることとする。

臼田さんは実にさまざまな幻覚体験を持っており、症状に振り回されてさまざまな苦労をされてきた方である。臼田さんの当事者研究は、多くのメンバーやスタッフとともに、暴走型の体感幻覚と幻聴を解明し、それらとの「つきあい方」を編み出すことを目的に始まる。

この研究で最初におこなったのは「体感幻覚ボディマップ」の作成である。身体に起きる違和感を、爆発ミーティングの仲間やスタッフと一緒に洗い出す作業から始まった。[中略]

臼田周一の頭から足先まで、全身に不気味な出来事が起きる。その不気味な出来事に、彼をからかう幻聴さんが混ざり合って、混乱が始まる。臼田周一は当然のように、「この身体の変調も誰かの仕業にちがいない」という気持ちになってしまう。

臼田周一が、こんな多彩な症状を話すと、みんなは心底驚いた。「臼田くん、こんな症状を抱えて、いままでよくやってきたね」と。そして、いままでのつらさをねぎらう言葉が相次いだ。

[浦河べてるの家 2005:112]

ここで行われていることは、どのような症状がどの部位に生じているのかということを明らかにする症状のアセスメントであるととらえられるだろう。しかも、アセスメントによってわかったことを「体感幻覚ボディマップ」なるものに一目でわかるように図示し、その症状に伴う苦労が仲間によって共有されている。アセスメントを行い、わかったことを図表を用いて外在化し、それを治療者とクライアントとで共有するという認知行動療法のプロセスそのものがここで行われているように思われる。

「アセスメント→図表を用いた外在化→共有」というプロセスは、「体感幻覚チェックリスト」でも見られる。このリストでは、「体感幻覚ボディマップ」の作成過程で明らかになった体感幻覚を毎日確認できるように作成されており、しかもその日の生活エピソードや当日の気分と体調も書き込むことができるので、生活上のエピソードやその日の気分・体調と症状との関係を把握しやすい工夫がなされている。

臼田さんの研究では、作成した体感幻覚ボディマップをもとに、二つの症状に焦点を当ててその症状への対処法が検討されている。

たとえば、「朝起きると、ふくらはぎや首や骨盤の周りに痛みが走る。歯茎がグラグラする」という症状に対してこれまで行っていた対処法は、なぜ痛みがくるのか原因がわからなかったため、住人を疑ったり、家にしかけがあるのではないかと家中調べたりするというものであった。しかしこの対処法はあまり効果がないということで、メンバーやスタッフと一緒に体感幻覚と仲良くやっていくためにどうしたらよいのかと検討する過程は実にユニークで興味深いものである。

この手の仕業をする体感幻覚に「臼田周一専属整体師さん」、その名も〈タスケ〉と命名した。整体師のくせにプロレスが好きでたまに技をかけるので、プロレスラーの“サスケ”にちなんで、でもたまに助けてくれることもあるので“タスケ”とした。性格は一生懸命なんだけども、マッサージがちっともうまくない。モットーは「ツボを刺激してドツボに落とす」。

〈タスケ〉はけっこう気分屋で、ストレスの多い日には雑にされることが多い。おまけにプロレスの技をかけられた次の日は筋肉痛も強く、歯がグラグラすることもある。　［浦河べてるの家 2005：116–117］

このように、体感幻覚に〈タスケ〉と名前をつけて人格化しているところはとても興味深い。体感幻覚を名づけて人格化することにより、体感幻覚に対する認識が「原因不明の不可解な現象」から、「困ったところもあるけど憎めない整体師」という認識に変化しているのが文面からわかるだろう。

つまり、認知行動療法で言えば、症状に対する新しい別の見方ができるようになっているのである。しかも、「〈タスケ〉はけっこう気分屋で、ストレスの多い日には雑にされることが多い」の記述でわかるように、〈タスケ〉と臼田さんのストレスとが関連づけられているところもまた認知行動療法との共通点であると考えられる。

体感幻覚に対して別の見方ができるようになったところで、今度は体感幻覚とうまくつきあう方法、つまり対処法が検討されている。そしてその結果として、〈タスケ〉にオーダーを出す、誉めてマッサージのスキルをあげてもらう、日々の生活を大切にする、〈タスケ〉と適度な距離を保つなどの新たな対処法が考え出されている。

対処法を検討する過程ということについて言えば、臼田さんには体感幻覚だけではなく、さまざまな幻聴さんもあるのだが、その幻聴さんに対する対処法を検討する過程も非常にユニークである。

まず、さまざまな幻聴さんを調査して、四つのパターン（高校生幻聴、テレビ・ラジオ幻聴、仲間幻聴、車幻聴）に分類している。そして、各幻聴ごとにこれまでの対処法とその効果を調べて一覧表にまとめている。個々の対処法について臼田さんが変えたいのかどうかを確認して、変えたいものについては新たな対処法を考え出している。たとえば、従来の対処法を変えたいものの例としては、高校生幻聴に対して「相手を睨み返す」などがあり、新たな対処法として、「鼻歌を歌う。とくにglobeの『What's the Justice』という曲の鼻歌がいちばん効果あり」のようにかなり具体的なものがあげられている。もちろん新たな対処法がまだきちんと身についていないようであれば、今度はSSTで練習してしっかりと獲得していくことができる。

「新たな対処法を検討→対処法の効果を確認→スキルとして対処法を身につける」という流れもやはり認知行動療法と一致する点である。

4-3　両者のアプローチの「接点」と「違い」

これまで見てきたように、認知行動療法とべてるの実践はとても似ている。認知行動療法における、アセスメント、問題の外在化、情報の共有、症状への取り組みなどは、べてるで同じようなプロセスで行われていることがわかる。にもかかわらず筆者には、べてるでの実践を見るとそこには認知行動療法にはない「何か」が存在するような気がしてならない。そこで、その「何か」を探るべく両者の相違点を検討してみることにする。

まず最初に、べてるでは、妄想や幻覚の意味づけがとてもポジティブであり、よい意味で個性的である点があげられるだろう。

認知行動療法では妄想や幻覚といった症状を軽減することが重視されている。つまり、幻覚や妄想とは「取り去るべきネガティブなもの」であり、「単なる症状」ととらえていることがわかる。これは心理療法という立場では当然のことかもしれない。しかし、幻覚や妄想は当事者にとって必ずしも厄介者というだけではなく、幻聴が自分を励ましてくれるときもあれば、妄想がつらい現実から眼をそらす役割を果たしている場合がある。べてるにおける幻覚や妄想は、認知行動療法に比べてとても豊かで生き生きとしており、向谷地生良さんの言葉でいえば"新鮮"である。そして何より、その症状はまるで当事者の古い友人のような"一個人"として存在している。

臼田さんの例をみてもわかるように、体感幻覚に〈タスケ〉と親しみをこめて名前をつけるだけではなく、きちんと性格まであるのだ。体感幻覚といえば、なんだか正体不明の恐ろしいもののような気がしてつきあえそうもないが、相手が〈タスケ〉であれば、症状は急に生き生きとしはじめ、臼田さんの気心が知れた友人であるかのような気さえする。

そしてべてるのユニークさは、症状を生かすことができる"しかけ"が多く作られている点からもわかる。「幻覚&妄想大会」が行われたり、講演会で幻覚や妄想体験の話をしたり、さまざまなビデオや書籍まで作って販売するなど、妄想・幻覚をとてもうまく活用できる場がある。

このようなべてるにおける取り組みを見ていると、われわれ認知行動療法家は、幻覚や妄想をとてもつきあう気にも活用する気にもならないような"没個性的でおもしろみに欠けるモノ"として扱ってしまっているような気がしてならない。

ほかにも認知行動療法との相違点はある。べてるでは、症状とつきあうことと同時に人とつきあうことが求められる点である。

もちろん認知行動療法においても、統合失調症に対する集団認知行動療法などがすでに行われており、そのような場で当事者同士が交流することはあるだろう。しかし大半の場合、当事者の多くはセッション外ではあまり豊かな対人関係を持っていないように思われる。

一方べてるでは、「三度の飯よりミーティング」という言葉があるように、常に人とかかわらせるような“しかけ”がそもそも存在する。その“しかけ”を利用することで、多くの当事者は自分と同じような体験をしている仲間の話を聞き、自分の症状を病気として理解したり、「自分だけじゃないんだ」と安心感を得ることができるようになる。そして、仲間同士またはスタッフの力を借りながら症状と向き合い、うまく症状とつきあう方法を学んでいくのだろう。

このように認知行動療法とべてるにおける実践とを比較すると、べてるには認知行動療法にはないユーモアや仲間との強い結びつきがあるように思う。そしてそこで行われているのは、認知行動療法をさらに豊かに発展させたアプローチにほかならない。べてるでの取り組みを参考に幻覚や妄想に対する認知行動療法のプログラムを考案すれば、今以上に誰もが参加したくなるような、楽しくかつ効果のある認知行動療法のプログラムが開発できるのではないだろうか。

●参考文献

Birchwood, M & Jackson, C. 2001 *Schizophrenia.* Psychology Press（バーチウッド, M. & ジャクソン, C., 丹野義彦・石垣琢磨訳 2006『統合失調症：基礎から臨床への架け橋』東京大学出版会）

Johnstone, C.E. & Sandler, R. 1998 Pharmacological treatment in schizophrenia. In Mueser, K.T. & Tarrier, N. (Eds.), Handbook of social function in schizophrenia. (pp. 391–406). Needham Heights, MA: Allyn & Bacon

Kingdon, D.G. & Turkington, D. 1974 *Cognitive: Behavioral Therapy of Schizophrenia.* Guilford（キングドン, D.G. & ターキングトン, D. 原田誠一訳 2002『統合失調症の認知行動療法』日本評論社）

浦河べてるの家 2005『べてるの家の「当事者研究」』医学書院

第5章

セッションと日常性

吉村由未

本章では、認知行動療法と「べてるの家」の双方が重視する「日常性」について検討を行う。ここで言う「日常性」とはすなわち、治療や生きる取り組みのなかで、「当事者の生活の場を重視する姿勢、実生活での取り組みや活動を大切にする視点」のことである。はじめに、認知行動療法において「日常性」を維持するために重要な要素となるホームワークについて、具体的な設定の仕方などに触れつつその意義について述べる。その後、べてるの活動ではそれらと共通する要素がいかなるダイナミクスを持って取り入れられ、展開されているかについて概説し、最後に両者の比較検討を行う。

5-1 認知行動療法におけるホームワーク

ホームワークとは

認知行動療法では、各回のセッションでホームワークが設定される。ホームワークとは、各セッションの終わりに、援助者と当事者の間で次のセッションまでに行うよう取り決められる“宿題”のことである。“宿題”というと堅苦しい印象を与えるかもしれないが、次のセッションで話す事柄について自分なりに整理してまとめてみることであったり（例：幼少期の印象に残るエピソードを思い出してくる）、セッション内で共有されたことがその通りであるか実生活で確かめてくることであったり（例：「隣の奥さんは私にだけ言い方がきついのではないのかもしれない」という仮説を確かめるために、奥さんが他の人と話しているところを観察してみる）、あるいはセッションのなかで練習したことを、実際に日常で実践してみることだったりする（例：傍にいると緊張してしまう上司との会話に慣れるために、セッション中にロールプレイを行って、上司役の援助者と挨拶の練習を行った。その練習を実践に移して、まずはこれから毎朝一言「おはようございます」と上司に挨拶してみる）。

以下、認知行動療法で実際にどのようにホームワークが設定されるのか、事例をもとに紹介する（なお、あくまで架空の事例である）。

■過食嘔吐に悩むＹさん【初回セッション…自己観察のホームワーク】

過食嘔吐を主訴に認知行動療法を始めたＹさんは、初回セッションで、援助者に「次のセッションまでの１週間、一日のどの時間に何をどのくらい食べたか、またそのときどんな気分だったかをメモしてきてくれませんか？ 過食嘔吐があればそれも記入してください。いかがでしょう？」と提案され、１枚の表（＊）を渡された。

一瞬意味がわからず、またなんだか面倒な気もしたので、Ｙさんは「なんのためにこんなことをするのですか？」と尋ね返した。すると援助者は、「まずは、Ｙさんの食事の様子について一緒に調べてみたいのです。先ほど『食べ吐きを繰り返してしまうのがつらい』とおっしゃっていましたが、実際、あなたの食べ吐きは具体的にはどのように行われているのでしょう？ もしかしたら食べ過ぎたりもせず吐いたりもせずにいられるときが、あるかもしれませんよね？ ですから実際一日に何をどのくらい食べているのか、どんなときに食べ過ぎたり吐いたりしてしまうのか、もう少し細かくみてみましょう。一日の食事を丁寧に観察し、それを記録してみることで、『食べ吐き』という問題がより具体的に明らかになり、どの点が問題なのかが理解しやすくなると思います」と言った。Yさんはなるほど、と思い、やってみようかなと思った。

ただ、それでもなお取り組めるか少し不安だったので、「わかりました。でも全部できない日があってもいいですか？ あと、過食嘔吐しているときは、その場ですぐは書けないかもしれません……」と伝えた。援助者は少し微笑んで、「そうですね、すべてできなくても大丈夫ですよ。またその場で書けなくても、あとで思い出せる場合は書き出してみてください。ただ、毎日を追ってみると、たとえば夜に食べ吐きしやすいとか、寝起きの気分が悪いと朝食を食べ過ぎてしまいがちになるなど、何らかのパターンが見つかるかもしれないので、できる限りがんばってみてくださいね」と言った。

Yさんはこれができないと次のセッションに来られないのかと心配だったのだが、援助者の言葉によってホームワークが絶対のノルマではないことがわかり安心し、かつ「パターンが見つかるかも」との言葉に少しやる気を覚えた。援助者とYさんは、お互いのホームワークシートに「一日に食べた物、その時間、そのときの気持ちを観察し、表に記録してくる」とメモした。

＊この場合、「活動セルフモニタリング表」を指す。最上部に週ごとの日付、左側に一日の時間目盛が記入された一覧表。認知行動療法では、当事者の生活の記録や課題のスケジュール化など、さまざまな目的で用いられるツールの一つである。

ホームワークの設定における工夫

このように、学校で一斉に出される課題などとは異なり、ホームワークはセッションのペースや当事者のニーズに合わせて、ボリュームや内容は個々にオーダーメイドされる。また、課題は決して一方的に援助者から押し付けられるのではなく、当事者が無理なく続けていけるよう、丁寧に話し合いながら設定される。

このため、上記の例でYさんが「なんのためにこんなことをするのですか？」と尋ねているように、当事者の側にホームワークに対して何らかの疑問や不安があれば、その意図やねらいを明示し、納得して取り組めるよう配慮することも重要である。また「なんらかのパターンが見つかるかもしれない」など、ホームワークを行うことがどのようなメリットをもたらすのかを伝えることも、当事者に課題を魅力的に思ってもらうための工夫でもある。

認知行動療法では、各回のホームワークを当事者自ら「ホームワークシート」に記入してもらい、それを持ち帰ってもらう。これは、自ら書くことにより課題への意識やモチベーションを高め、またシートに外在化することで当事者に課題を想起してもらいやすくするためでもある。

このように、援助者は当事者にホームワークを無理なく実施してもらうため、その設定や内容、ねらいの伝え方などさまざまな点に工夫を凝らす。

以下、引き続きYさんの例を見てみる。

■過食嘔吐に悩むYさん【第2セッション…前回のホームワークの振り返り】

次の回の初めに、援助者は「さて、前回は食事について観察してきてもらうことにしましたが、いかがでしたか？」と尋ねた。Yさんは、「はい、思っていたよりもやりやすかったです。とりあえず毎日書くことができました」と表を渡した。続けて、「どうも、夜中一人でいるときに過食しやすいみたいです。誰かと食べているときは『過食したい』と思っても、まさかその場でやることはできませんし、いきなり立ち去るわけにもいかないですしね……」と伝えた。

援助者は、「そうですか。(表をみながら)……確かに夜が多いですね。

過食しはじめるときはどのような状況なのですか？ Ｙさんはその前後に何かしているのでしょうか？ また過食しながらほかに何かしていますか？ 今日の面接では、Ｙさんが夜一人でいるときに過食を始める場面について、少し詳しく見ていくことにしたいのですが、いかがでしょう？」。Ｙさんは本題に入りつつあるのを感じ、少し緊張しながら「はい」と答えた。

このように、前の回で設定されたホームワークは、次の回の冒頭にその振り返りの時間が設けられる。これによって、ホームワークは出しっぱなし、やりっぱなしになることなく、再び面接のなかで取り扱われることとなる。ここでは、ホームワークの実施状況や、やってみての感想、気づいたことなどが確認・共有される。

これは、当事者のホームワークへのモチベーションを保つために重要な作業となるだけでなく、日常での取り組みを再びセッションに戻し、そこで得られたことを治療に活かしていくための“橋渡し”、つまり「日常性」を維持するための作業としても不可欠といえる。

――――― 日常生活とセッションを“つなぐ”ホームワーク

前項で述べたように、認知行動療法の援助者は、ホームワークを重視し、その遂行や達成のために細心の注意を払う。無理ない課題設定への配慮、シートによる外在化と共有、あるいは振り返りの時間の設定など、さまざまに“しかけ”を作るのである。それは、認知行動療法では、治療の中心はセッションではなく、あくまで当事者の「日常」のほうにあると考えているためである。

認知行動療法が日常を重視するのは、人が社会的な存在であり、常に状況（周囲の環境や人）との相互作用のなかで生活しており、個々の当事者の反応はその日常の影響を受けて常に変化していくという前提に立つからである。ホームワークに取り組んでもらうことはもちろん重要で、当事者が取り組みやすいよう援助者は上記のような工夫を行うのであるが、それはホームワークを行うことだけが目的なのではなく、ホームワークによって治療を日常生活に活かす、すなわちセッションと実生活を“つなぐ”ことを最重視するためなのである。

────“つなぐ”ことの必要性

それでは、なぜこのようなしかけが必要なのであろうか。それは、認知行動療法をはじめとする心理療法のセッションは、当事者が普段生活している場とは別の場所（クリニックなど）へ通い、そこでさまざまな問題に取り組むというそれ自体の構造から、ともすると日常から遊離し、当事者の生の生活から離れて展開してしまう危険と隣り合わせにあるためである。それゆえ、セッションで取り組む内容が、当事者の問題から離れず、またその理解や解決につながる形で日常に還元されるためにも、当事者が今いる場を重視し、そこで起こるさまざまな事柄に対してどのように反応・対処しているのかを注意深く見ていきながら、常に当事者の日常やその変化を受けた形でセッションが展開するよう構造を維持していくことが重要になる。

Yさんの事例に見られるように、ホームワークはセッションでの成果（次回まで食事の場面を観察してみるよう課題を設定したこと）を当事者の日常生活に還元し、さらにはそれによる日常生活での成果（夜一人でいると過食嘔吐しがちであることを発見したこと）をセッションに還元しなおすという形を通じて、日常とセッションに接点を持たせる重要な“しかけ”となっている。

また両者をつなぎ、常にセッションを日常に戻していくことを通じて、治療全体が当事者の日常とその問題に即した形で進むことをスムーズにしている。

このように、「日常性」を重視する認知行動療法では、ホームワークは治療プロセスの中心を担うと言ってよい重要な要素となる。認知行動療法の最終目標は、当事者が自ら普段の生活で認知行動療法を行っていく実践家となることである。つまり当事者の自助力を高め、当事者が自ら自分をケアし、問題を解決していく力をつけることである。

治療と日常を一体化するために、また当事者が自分の日常を理解し、自分自身の問題に対して主体的に取り組む認知行動療法家となれるために、ホームワークという“しかけ”はなくてはならないものなのである。

5-2 べてるにおける日常性

そこでべてるである。「日常性」という観点からあらためて見直してみると、べてるの活動は日常性を大切にする営みそのものであることに気づく。べてるでは、当事者自身が「苦労を取り戻す」「病気を生きる」といったことを追求しながら、主体的に、丁寧に日々を生き直すことを何よりも重視しているように思われる。

向谷地生良さんの記述に、当事者の主体性を重んじる姿勢が現れている。

多くの当事者は病院を生活の場とし、苦痛を除かれ、少しの不安も不快に感じ、薬を欲し、悩みそれ自体を消し去ることを目的とするかのような世界で長年暮らしてきた。そのなかで彼らは「不安や悩みと出会いながら生きる」という人間的な営みの豊かさと可能性を失う。

しかしべてるは、失った「悩む力」を、生きながら取り戻す場だ。[中略] 一人ひとりが、あるがままに、「病気の御旗」を振りながら、地域のかかえる苦労という現実に「商売」をとおして降りていきたい。

[浦河べてるの家 2002:46]

べてるでは、きちんと「悩みながら生きる」ために、実生活での取り組み（=苦労）を大切にしている。昆布の袋詰めの内職も、「商売」という営みを通じて苦労を取り戻そうとする思いから始められた。またミーティングやSST、当事者研究などもそのねらいは同様である。

日常性を大切にするということは、そのままでは漠然としてやみくもに不安なままの精神的苦痛（例：幻聴に襲われる）を、実生活での取り組みとして具体化することでもあり（例：幻聴さんに帰っていただくようお願いする）、またそれは、先の認知行動療法の例で、Yさんが漠然と「食べ吐きがつらい」と言っていたのを、「いつ、何をしているときに食べ吐きが起きるのか」という形の実際的な観察課題にしたプロセスにも共通するといえよう。

―――――すでにそこにある「日常性」

べてるでは、SSTやミーティングを通じ、課題に取り組む土壌が当たり前のように浸透している。というよりむしろそれは、べてるの日常そのものと言ってもいいかもしれない。べてるの日常は、そのまま面接場面的な取り組みの場でもあり、そしてそれ自体がやはり紛れもない日常そのものなのである。

言うなれば、べてるの諸活動はそれ自体重要な日常の一部であり、「日常性」を前提としているので、ホームワークなどの“しかけ”をして取り組みを意識する必要がなく、またそもそも日常とセッションを“つなぐ”必要もないのではないだろうか。つまり認知行動療法におけるホームワークのような「課題に取り組む」ための要素は、日常との“橋渡し”としてではなく、すでに日常に“含まれた”形で存在しているように思う。

日常に“包含”される課題場面

既述のように、べてるでは日常的にミーティングが行われ、SSTを実施し、さらには当事者研究グループが存在する。まず、日常のリズムのなかに至極当たり前にこうした構造が内在化されていること自体が、認知行動療法家である筆者としては、実にすばらしいことだと思われる。これほどまでに日々の生活に定着したものとなってこそ、はじめてミーティングやSST自体が日常となり、当事者研究自体が日常的テーマとなり得るのだろう。

認知行動療法をはじめとする心理面接では、多くの場合セッションを構造化し、当事者に取り組みやすくするために敢えて非日常的な要素（例：一回50分という、時間の決まったしかも二者に限定された場など）を作り出すことが多いのだが、べてるでは構造をそのまま日常にして、積極的に問題に取り組む流れを先に作ってしまっているのである。

以下、とくにミーティング、SST、当事者研究の三つを取り上げるが、これらの中には、さまざまにホームワーク的な現象を見つけることができる。

a…ミーティング

たとえば、各ミーティングにおいて「次回はこの続きを話し合いましょう」という言葉で締めくくられることあるが、それはそのまま“つなぐ”意味でのホームワークとしてとらえることもできるであろう。

ただ、これは個々の当事者がそれこそ「課題」として明確に意識していないことも多いのだが、それがべてるでは問題にならない。なぜなら、各ミーティングはただだらだらと話すのではなく、ミーティングごとに具体的なテーマが決まっており、ゆえにそのミーティングで何をするのか、何をやるのかが明確に決まっているからである。たとえば金曜ミーティングでは、皆の「体調と気分」について聴いた後、「今週の良かった点」「今週の苦労人」「さらに良くする点」の3点を話し合うことになっている。

こうした一貫した構造が皆に定着・浸透しているため、当事者はミーティングに備え、自然にそのテーマに沿って自分の生活を思い返すことができる。このこと自体、認知行動療法におけるホームワークの振り返りの要素を持ち合わせており、ミーティングの安定した流れを維持することを助けている。

b…SST

SSTは三つの活動のなかでは最も構造化された取り組み場面であり、認知行動療法がそのまま取り入れられた日常でもある（SSTは認知行動療法の技法の一つである）。SSTでテーマを出した当事者は、「良かった点」「さらに良くする点」を皆から出してもらいつつ、それに基づいて新たに練習しなおし、さらにはいつそれを試してみるかまで検討し、そしてホームワークとして実際の場面で実行してみる。ここでは、練習し、それを実践するという、ホームワークの本来の機能が働いているといえる（次頁図参照）。

c…当事者研究

当事者研究については、『べてるの家の「当事者研究」』の林園子さんの“くどさの研究Ⅰ”に、日常での取り組みの例が見られる。

> 幻聴さんや〈くどうくどき〉とのつきあいの苦労が始まるたびに仲間や職員に相談し、そこで考えた方法を実際に試すということを繰り返した。それは、いままで誰からも教わらなかった方法だった。
>
> まず幻聴さんに対して以前は突き放すように怒鳴っていたのだが、仲

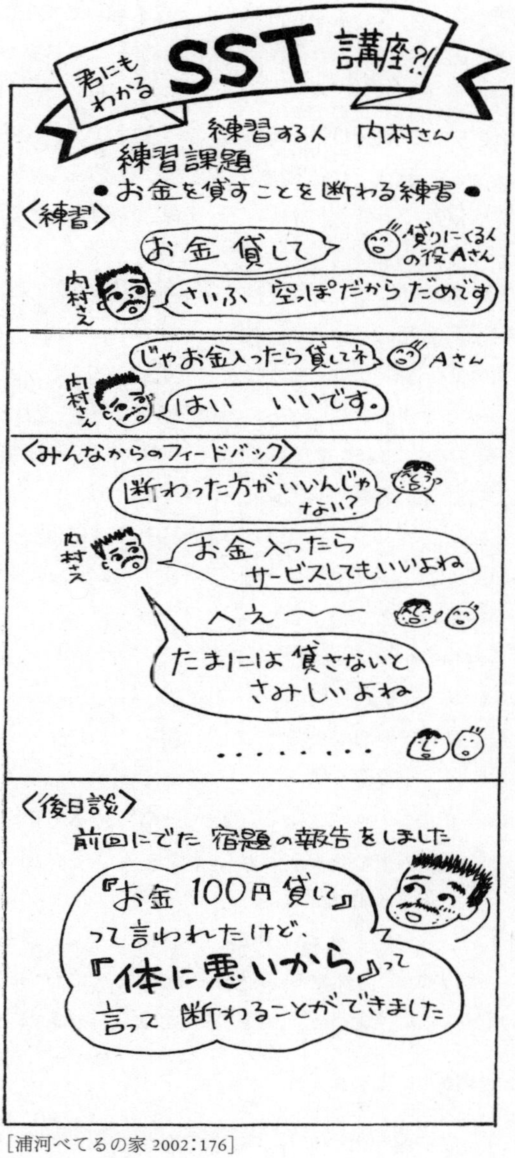

君にもわかる
SST講座?!
練習する人　内村さん
練習課題
・お金を貸すことを断わる練習・
〈練習〉
お金貸して
貸りにくる人の役Aさん
内村さん
さいふ　空っぽだからだめです
じゃお金入ったら貸してネ
Aさん
内村さん
はい　いいです。
〈みんなからのフィードバック〉
断わった方がいいんじゃない?
内村さん
お金入ったら サービスしてもいいよね
へえ〜〜
たまには貸さないと さみしいよね
………
〈後日談〉
前回にでた宿題の報告をしました
『お金100円貸して』って言われたけど、『体に悪いから』って言って断わることができました

[浦河べてるの家 2002：176]

間の提案を受け入れて、丁寧に礼儀正しく“お願いして”断るようになった。
[浦河べてるの家 2005:68-69]

当事者研究では、研究仲間との話し合いを繰り返し、そのなかから理解されたことをもとに実にさまざまなことを試してみる。このとき、日常は日常であると同時に、研究課題解明のための重要な実験の場ともなる。

また、当事者研究については特に、向谷地生良さんが本書の打ち合わせの際に興味深いことをおっしゃっていた。それは、当事者研究は「当事者の日常レベルにはなかなか浸透しにくい」ということ、またホームワークの観点から当事者研究とSSTを比較すると、「SSTのホームワークはより短期的なもので、当事者研究では、その人の人生を通したお題というか、より長期のテーマに沿ったホームワークとなる」ということである。そしてさらには、この難関の手助けとして「当事者研究ノート」というホームワーク用のツールを開発しているのだという。

これは、当事者研究が、最も本質的なテーマ（問題＝自己の苦しみそのものの研究）に取り組む反面、やり遂げるには明らかに負荷が高いものでもあり、それゆえ継続して取り組むためにはそれなりの明示的な“しかけ”が必要になるということであろう。そして、当事者研究という（生涯のといってもいいほど壮大な）テーマを一本化するにあたり、「当事者研究ノート」というホームワーク用のツールが必要になってくるそうなのである。

向谷地さんからこのことをうかがい、日常とセッションをつなぐ“しかけ”がきわめて自然に組み込まれたべてるにおいて、はじめて“しかけ”らしい“しかけ”を垣間見たように思われた。

―――― 仲間がいることの重要性

誰でも一人で課題を行うには、なかなかやる気が出ないものである。しかしべてるには常に仲間がいる。皆に練習場面を見てもらえること、成果を他の皆と共有できること、一人でやるのが不安なら手伝ってもらえること、うまくいけば皆にも喜んでもらえることなどは、当事者の取り組むモチベーションの維持に最も有効な資源となる。

認知行動療法でも、援助者の存在は当事者のやる気に重要な役割を果たすが、そのパワーとなればべてるはその比較にならない。認知行動療法では、援助者と当事者の二者関係を中心とするため、ややこぢんまりとした構造になるうえに、ホームワークは日常に持ち帰ってもらって取り組んでもらうため、援助者は随時取り組みを思い出してもらったり、実際場面で応援したりすることはできない。このため、援助者のほうで当事者の日常に配慮した設定ができないと、場合によっては忘れてしまったり、やり方がわからなかったりと、ホームワークにきちんと取り組んでもらえないことが生じる場合がある。

しかし、べてるではそうは問屋が卸さない。つまり、当事者のホームワークではあるものの、それは皆に共有されることで、同時に皆のホームワークにもなるのである。

たとえばSSTでテーマを出した当事者は、次の日には「どうだった？ やってみた？」とあちこちで皆から尋ねられる。皆が気にしてくれていることがうれしく感じられるとともに、ほどよいプレッシャーともなって、遂行への意欲をますます高めてくれる仕組みになっている。また失敗するとすぐに「今度はこうしてみたら？」「次は一緒にやってみてやるよ」など、励ましやアドバイスがそこここから飛んでくる。そんなとき、日常＝取り組み場面の構造が、いかにフレッシュでパワフルかをあらためて実感するのである。

5-3 日常性を大切にするということ

こうして両者をみてみると、苦労や失敗を避けるのではなく、積極的にそれらに取り組みながら生きるダイナミックなべてるに比べれば、認知行動療法のホームワークは規模が小さく、小手先感が強いように感じられもする。皆に支えられているべてるの一方で、認知行動療法では当事者は援助者とのやりとりのみにウェイトが置かれすぎており、少々寂しいような感もある。“ホームワーク”という名前があることに現れている通り、認知行動療法のようにセッションと日常が離れていると、それらをつなぐための明示的な“しかけ”が必要になる。一方のべてるでは、日常に当たり前に“しかけ”が施されている。

ただ私は、別に認知行動療法のスタイルが悪いと考えているのではない。なぜなら、たくさんの人が精神的援助、支援、自助力の回復を求めているのだから、個々に合うよう取り組み方もさまざまに提供されてよいと思うからである。山は一つだが、登るための道はいろいろあってよい。

認知行動療法では、最終的にはセッションで得たものをホームワークという形で日常に組み込んでいくことを重視し、日常を大切にする点でべてると共通の視点を持つ。

認知行動療法の構造面のメリットを言えば、たとえば習い事を愉しむときのように、日常とあえて切り離すことが逆に当事者の取り組む意欲を高める場合もある。実際にセッションが日常から切り離されているがゆえに、集中もでき、真剣に取り組むことのできる人もいる。加えて、心理療法という一種の「治療」であると明確に意識することで、当事者としてもセッションの意義や目的を受け入れやすくなる場合もある。あるいは一人ひそかにがんばって、目覚しく変化し、周りにうれしい驚きを与える人もいる。

ゆえに大切なのは、認知行動療法でのホームワークかべてるでの取り組みかではなく、当事者の生活スタイルや取り組む環境に合わせてホームワークをオーダーメイドすること、すなわち課題の設定の仕方や魅せ方のほうにあるように思う。

以上、当事者が問題に取り組むために重要な日常性について、特に認知行動療法のホームワークの視点からまとめてみた。既述のようにべてるでは、治療という観点よりも、「苦労する力を取り戻す」「病気を生きる」といった視点が強調されている。それは、援助者が話を聴くことではなく、当事者が自らを知り、自分を自分の言葉で語り、自分自身で悩むことを通じてはじめて自己治癒へと向かうのだ、ということであろう。

ホームワークという言葉を使用するかどうかは別にして、自分自身で自らの問題に挑戦していくための“しかけ”がしてあること、そしてそれを重視する姿勢自体、認知行動療法とべてるが大切にしているものになんら変わりはないのである。

●参考文献

Beck, J.S. 1995 *Cognitive Therapy: basics and beyond.* Guilford（ベック, J. S., 伊藤絵美・神村栄一・藤澤大介訳 2004『認知療法実践ガイド 基礎から応用まで：ジュディス・ベックの認知療法テキスト』星和書店）

伊藤絵美 2005『認知療法・認知行動療法カウンセリング 初級ワークショップ』星和書店

浦河べてるの家 2002『べてるの家の「非」援助論』医学書院

——— 2005『べてるの家の「当事者研究」』医学書院

第6章

コミュニケーション

津高京子

本章では、認知行動療法および「べてるの家」におけるコミュニケーションについてそれぞれの特徴を論じる。そのうえで、「"対等なコミュニケーション"から形成されるネットワーク」という視点から、両者のコミュニケーションについて比較検討してみたい。

6-1 認知行動療法におけるコミュニケーション

対等な立場での対話

第1章で述べられているとおり、認知行動療法の大きな特徴の一つは、「セラピストとクライアントによる双方向的なコミュニケーション」である。双方向的なコミュニケーションは、セラピストとクライアントが、互いにさまざまなことを質問しあい、それぞれの思いや感じたことをとにかく何度もフィードバックしていくことで可能となる。

たとえばセラピストは、ある問題状況について面接内で語り合うとき、その状況についての鮮明なイメージが両者で共有できるところまでクライアントに対して問いを重ねていく。その際セラピストは“ソクラテス式質問法”(第1章参照)と呼ばれる質問法を活用し、クライアントが具体的に自問自答しやすいような工夫をする。また質問はセラピストだけがするのではない。わからないこと、疑問に思うことはどんどん質問するよう、クライアントは繰り返しセラピストに励まされる。

フィードバックも同様である。認知行動療法ではクライアントは面接中に考えたこと、感じたことは何でもセラピストにフィードバックしてもよいと伝えられる。それはたとえ疑念でも苦情でも文句でも構わない。むしろそういった一見ネガティブなことを率直にフィードバックしてもらうことで、セラピストは自分の面接を振り返り、クライアントとともに認知行動療法を進めていくことができる。もちろんセラピストもクライアントに対し、自分の思いを積極的にフィードバックしていく。

このように認知行動療法ではコミュニケーションにおいて、できるだけオープンで対等な、いわば“水平的なパートナーシップ”を築こうとする。そのためにセラピストは面接における自分の失敗をあえてクライアントに開示することもある。次にその例を示したい。

―――― セラピストによる失敗の開示と謝罪

誰でもミスや失敗を犯すことはある。それはもちろん認知行動療法のセラピストでも同様である。セラピストは面接における自分のミスや失敗に気づいたら、それをクライアントに率直に開示し、説明し、謝罪する。このような開示や説明や謝罪がうまくいくと、副産物として、もともと自分のミスや失敗にとらわれて落ち込みやすいクライアントが、「ミスや失敗は誰にでもあるものなんだ。自分だってミスしたっていいんだ」と思えるようになることがある。これは第1章および第4章で述べられた“ノーマライゼーション”

の一環であるとみなすこともできる。

しかしそうは言うものの、セラピストが自らのミスや失敗を、パートナーであるクライアントに率直に開示するのはそうそう簡単なことではないし、勇気の要ることでもある。筆者のような初心の認知行動療法家にとっては特にそうである。

当然のことであるが一つひとつの認知行動療法の面接は、筆者にとって大切な仕事・業務である。大切な仕事だからこそ、「一つも失敗してはいけない」「すべての面接をきちんと進行させなければならない」といった"完璧主義"や、「一つでもミスを犯したら、この面接が台なしになってしまうのではないか」といった"白黒思考"に陥ってしまう場合がある（ちなみにこれらの"完璧主義"や"白黒思考"は、うつ病のクライアントなどによく見られる非機能的な認知である）。

セラピストである自分のミスのせいで面接がうまく進んでいない場合、それに対する完璧主義的思考や白黒思考がしばらく筆者の頭を離れないことがある。前出の"水平的なパートナーシップ"とか"ノーマライゼーション"といった理念からすれば、クライアントに率直にミスを伝えて謝罪すればよいのだが、今よりもっと初心者であったころ、筆者にとってそれをするのがとても難しかった。そのようなことを話題にすること自体、躊躇してしまうのである。

そんなとき頭に浮かんでいたのは、「このあいだの面接で私は明らかにミスを犯してしまった。それをクライアントに伝えて謝らなくてはならないが、本当にそんなことをしてもいいのだろうか？　私は認知行動療法を始めて間もないセラピストだ。だからとにかく自信がない。こんな私が担当させてもらっていいんだろうか？　ミスを伝えて謝ったりしたら、クライアントは私のことをセラピストとして認めてくれなくなってしまうのではないだろうか」といった考えである。

おそらくこのように考えているときの筆者は、自分が主導権を握って面接を進めていかなくてはならない、とどこかで思い込んでいるのだろう。"水平的なパートナーシップ"ではなく、"垂直的なセラピスト-クライアント関係"にどこかでとらわれ、それゆえにミスを認めることを通じて自分がクライアントのところに「降りていく」ことができず、悩んでしまっているのだろう。

しかし次第に経験を重ねてきてわかったことであるが、セラピストが自らのミスや失敗を認めることは、認知行動療法の進行上、プラスになることはあれ、決してマイナスになることはない。第1章にもあるとおり、認知行動療法はセラピストとクライアントによる"協同的問題解決"のプロセスであり、両者は問題解決のためのチームメンバーとして対等な立場にある。その場合、どちらかが優位に立つことはなく、互いにコミュニケーションを取り合ってパートナーシップを育てていくことが不可欠である。

そのような水平的なパートナーシップにおいて、どちらかがミスを犯してしまったときは、それを隠したりごまかしたりするのではなく、率直に開示して謝罪するほうが、パートナーシップの強化のためにはよほど有効であろう。

筆者は経験を通じて、次第にこのことが実感できるようになった。実際、筆者が自分のミスや失敗に気づき、即座に、あるいは次の面接でクライアントにそれを開示し謝罪すると、ほとんどの場合クライアントは、あっさりとその謝罪を受け入れてくださる。なぐさめられたり、感謝されたりする場合もあるぐらいである。しかも上に述べたとおり、"完璧主義"や"白黒思考"に苦しむクライアントにとっては、筆者からの開示や謝罪が、むしろ「ミスしたっていいんだ。ミスに気づいたら率直にそれを打ち明けて謝ればいいんだ」というように、モデルとして機能するようなのである。

6-2 べてるのコミュニケーション

弱さの情報公開

次にべてるにおけるコミュニケーションの特徴について検討してみたい。『べてるの家の「非」援助論』では、下野勉さんが、べてるにおける「弱さの情報公開」の重要性について詳しく述べている(同書、59-64頁を参照)。

下野さんは当初、「調子が悪いので、仕事を代わってほしい」の一言がなかなか言えなかったそうである。相手や周囲に対して自らの弱さをそのまま認めることができなかったからである。しかしそうやって無理を重ねるうちに、下野さんはとうとう入院してしまう。そのような痛い目に遭った結果、無理して仕事を引き受けず、できないときは「困っている」「一人ではできない」と周囲に率直に伝えるよう、下野さん自身が少しずつ変わっていく。

そのようにして自分の弱さについて少しずつ周りに伝えていったところ、それに応じるかのように彼を応援してくれる仲間も少しずつ増えていったということである。それどころか、弱い自分を周囲に曝すことでむしろ多様なコミュニケーションが生まれ、そのなかで、応援してもらうだけでなく自分が他のメンバーを応援することが起こり、相互に支えあう体制ができていった。

このようにして、「弱さの情報公開」「安心してサボれる会社づくり」といったべてるのキャッチフレーズが、下野さんのなかに“魔法”のように入っていったのである。

べてるでは、「弱さ」は一つの価値である。弱さは誰もが必ず持っているものであり、弱さを通じて他者や社会とのきずなを築いていくことができると考えられている。つまり当事者の抱える問題は、弱さという一つの価値としてとらえられ、問題そのものが当事者のよりどころとなり、しかも他者や社会とかかわっていく重要な手がかりとなる。

下野さんの例が、それをよく物語っているといえるだろう。そしてそれは下野さんだけではなく、べてる全体に行き渡っている価値観である。浦河でべてるの仲間や援助者とともに暮らし、SST をはじめとする各種ミーティングに日常的に参加していれば、弱さが価値であるとの気づきが、いつかどこかで確実に得られるよう、べてるという「場」は存在する。

その場を支えるのが、「弱さの情報公開」というコミュニケーションのあり方である。下野さんのように、当事者はべてるにおいていつかどこかで自分の問題＝弱さについて情報を発信することになる。それは日常場面においてであるかもしれないし、SST のようなミーティングにおいてであるかもしれない。その情報が他の当事者や援助者に共有され、検討の対象となり、その結果、新たな考え方や対処法が生まれ、それもまた当事者や援助者と共有されていく。「弱さの情報公開」は、発信者である当事者個人を豊かにするだけでなく、べてるという「場」そのものを豊かにする力を持っているのである。

6-3 オリジナルな言葉を大切にするべてる

上で述べたように、認知行動療法とべてるに一貫してみられるのは、援助者と当事者、もしくは当事者同士が徹底して率直なコミュニケーションを志向するということである。

認知行動療法では、セラピストが双方向的なコミュニケーションを成立させるためにさまざまな工夫を試み、そのなかで、セラピストのミスや失敗といったことでさえも率直に開示してクライアントと共有しようとする。そのことが対等な関係性を築き、さらなるコミュニケーションを形成するきっかけとなっていた。また前節で述べたとおり、べてるでも同様に、当事者同士、および当事者と援助者による「弱さの情報公開」をきっかけとした対等なコミュニケーションが実現されている。

ところでべてるではその際、自分なりのオリジナルな言葉を使って、他者との関係のなかで自己表現することが、非常に重視されているようである。自分自身の言葉で自らの弱さを表現することの大切さを、渡辺瑞穂さんが「摂食障害の研究」という秀逸な文章で表現しているので、まずはそれを紹介したい。

いま、わたしは自分自身の生き方を取り戻すために、自分の弱い部分とのつきあい方を探して試行錯誤している。

「克己」(自分と対峙して弱さに打ち勝つこと)が自分らしく生きるための必須条件だと思ってきたが、いまはそれを疑問に感じはじめている。人とのかかわりのなかでも自分の弱さを"処理"する必要がないという「安全の感覚」を、少しずつでも体に染み込ませていくことができれば、怯えから解放され、自分自身を愉しんで生きる方向に向かうこともできそうに思う。

が、これはおそらく人とかかわっていかなければ見つけられない感覚であり、独力ではどうしようもない。同じように自身の弱さと直面し、自分なりのつきあい方を身につけてきた人びとの力――べてるいわく"非援助の援助"――を頼りに、いまのままのわたし自身を外に出してみることが必要だと思う。

ただしその援助を求めるには、"自分"が隠れてしまう原因となる自分にとっての「生きづらさ」と、それに対して試みる自分なりのアプローチを、前もって相手に伝えなければならない(自己流の模索は、表面的にはハタ迷惑であったり、誤解を招いて相手を傷つけたりすることがあるので)。これはなかなか大変な作業である。借り物の言葉ではまったく伝わらない。他人に見せるのはおろか、できることなら自分でも見たくない脆弱な部分と直面し、そこで生じるある種の絶望感を含めたさまざまな感情を、自分のなかにリアルに再現する言葉を追求し、さらにそれを相手が吸収しやすいかたち（相手との共通語）に翻訳する必要がある。

自分自身を表現する言葉──決して“自分語”ではなく、相手に伝わり、しかも自分らしいエッセンスを含んだ言葉──を探しながら、人のなかでの一進一退をじっくりと味わっていきたいと思う。

[浦河べてるの家 2005:24-25]

渡辺さんは、自分自身の弱さとのつきあい方を身につけるには、「人とかかわっていかなければ見つけられない感覚であり、独力ではどうしようもない」と述べている。そしてそのためには、借り物ではない、自分自身を表現する言葉が必要なのだという。自分なりの言葉があってこそ、コミュニケーションが成立するということなのだろう。

裏を返せば、たとえ自分なりの言葉があったとしても、その言葉を通じてコミュニケーションが成立するということは、すでにそこには開かれた人間関係の場が存在する必要があるということでもある。つまり「開かれた人間関係の場」と「自分なりの言葉を発する個々の当事者」とは、「鶏か卵か」のように、その両方が不可欠なのだろう。

個々の当事者はそれぞれのタイミングで「弱さの情報公開」をする。「開かれた人間関係の場」としてのべてるはそれを受け入れ、共有する。逆に言えば、「開かれた人間関係の場」としてのべてるがあるからこそ、個々の当事者はそれぞれのタイミングで「弱さの情報公開」ができる。

いずれにせよその両者の相互作用によって、公開されたさまざまな「弱さ」の情報がべてるに蓄積されていく。しかもそれらの情報は、オリジナルな言葉によって表現されており、オリジナルだからこそ、それぞれがさらなるオリジナルな情報発信を誘発する。

べてるではこのようにして、個々のメンバーがそれぞれオリジナルな自己表現を手がかりに自らの弱さを情報発信し、それが他のメンバーのオリジナルな自己表現による「弱さの情報公開」を可能にする。そのような過程を通じて、べてるという「開かれた人間関係の場」はますます豊かになっていく。

6-4 「対等なコミュニケーション」から形成されるネットワーク

これまで述べてきた通り、認知行動療法でもべてるでも、援助者と当事者による、もしくは当事者同士による「対等なコミュニケーション」がそれぞれの活動の基点の一つになっていると筆者は考えている。その意味で両者は非常に似ている。しかし基点は似ていても、その「対等なコミュニケーション」を基点としてどのようなネットワークが形成されていくか、という点については、両者はかなり異なっているように思われる。

――――認知行動療法の場合

我々が実践する認知行動療法では、セラピストとクライアントによる「対等なコミュニケーション」を基点として、どのようなネットワークが形成されるのであろうか？ そのイメージを［図6-1］に示してみた。

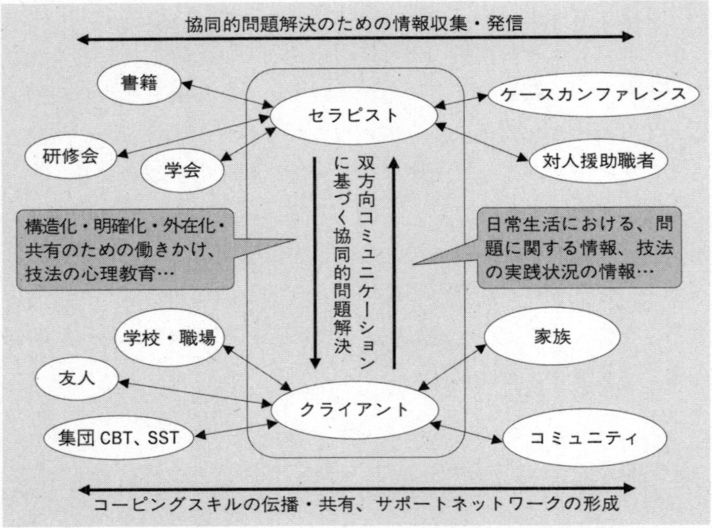

［図 6-1］ 認知行動療法のコミュニケーションから形成されるネットワーク

医師や我々臨床心理士が実践する認知行動療法は通常、あらかじめ決められた日時に診察室や面接室において一対一の面接をするという、安定した場と構造を持つ。セラピストが援助者、クライアントが当事者という役割も固定されており、そのなかで双方向的で対等なコミュニケーションが、面接が終結するまでの一定期間に限って行われる。

2人で協同的問題解決に取り組みながら、セラピストもクライアントもさまざまなことを考えたり感じたり学んだりする。もちろん両者はそれら（互いに考えたり感じたり学んだりしたこと）についても率直に話し合っていくのだが、2人の話し合いはあくまでも“面接室”という閉じられた空間の中で行われ、2人のコミュニケーションが直接外部につながっていくことはほとんどない（家族や学校や職場の人に対するコンサルテーションという形でつながることはあるが、それ以外にはほとんどないと言ってよいだろう）。

だからといって、個々のケースが完全に閉ざされているというわけではなく、セラピストはセラピストで自身の属する専門家コミュニティにおいて、クライアントはクライアントで自分をとりまくコミュニティ（家族、学校・職場、他の治療コミュニティなど）において、認知行動療法を通じて感じたこと、学んだことを伝えたり実践したりすることになる。

第5章で述べられている通り、認知行動療法では日常生活を非常に重視するため、面接室だけでセラピストとクライアントの関係が完結するようなモデルは考えられない。ただしいずれにせよ認知行動療法の場合、面接室におけるセラピストとクライアントのコミュニケーションが基点となり、セラピストはセラピストの持つ外の世界に、クライアントはクライアントの持つ外の世界に、それぞれ開かれていくようなイメージである。

――――― べてるの場合

では、べてるではどうか。そのイメージを［図6-2］に示した。

筆者があらためて論ずるまでもなく、べてるのコミュニケーションはあくまでも日常生活を基盤としている。登場人物も多種多様である。そして職場、病院、商店街など、浦河の町そのものがコミュニケーションの場となるので、当事者同士、そして当事者と援助者の関係だけでなく、地域のすべての人たちにべてるのコミュニケーションは開かれている。しかもべてるの活動は書籍やビデオや講演やホームページといった形で公開されているので、浦河の町だけでなく、日本そして世界に開かれているといえる。

つまりコミュニケーションが行われる場も、べてる的コミュニケーションが基盤となって形成されるネットワークも、我々の実践する認知行動療法に比べて、格段に広く、多様で、分厚くて、豊かである。べてるにおける個々の「弱さの情報公開」は、これほどまでに豊かな場に支えられ、これほどまでに豊かな場に向けて発信さ

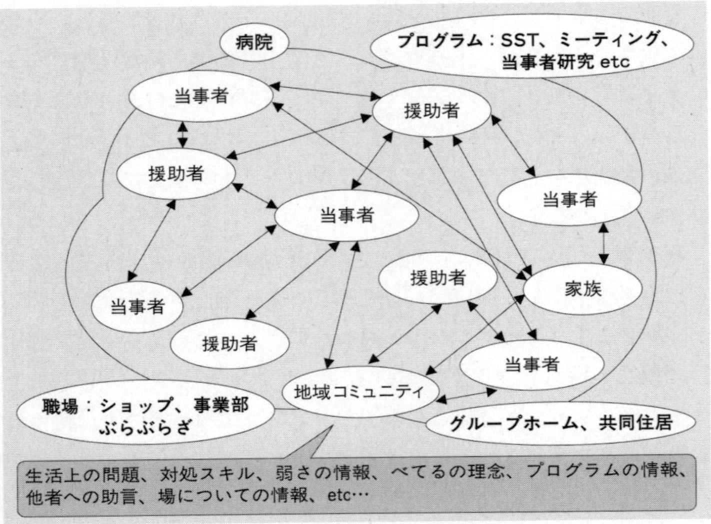

[図 6-2] べてるのコミュニケーションから形成されるネットワーク

れるのである。

以上、「対等なコミュニケーション」「弱さの情報公開」といったキーワードを手がかりに、認知行動療法およびべてるにおけるコミュニケーション、そして両者のコミュニケーションをめぐるネットワークについて考えてみた。

前節で筆者は両者の相違点を強調してみせたが、両者のコミュニケーションの本質は大きく相違するものではなく、それぞれが（認知行動療法のセラピストであれ、我々の認知行動療法に参加してくれるクライアントであれ、べてるにおける当事者であれ、べてるにおける援助者であれ）、それぞれの活動の場における認知行動療法的、もしくはべてる的コミュニケーションを大事にし、それを自らの生活や仕事、そして自らをとりまくネットワークに生かすことができればよいのだと思う。

筆者の場合はどうであろうか。本章の最初に述べたとおり、筆者自身、クライアントとの面接において自分のミスを率直に開示したりミスについて謝罪したりすることが、前よりは少しずつできるようになっている。立場上、筆者は「セラピスト」「援助者」ということになっているが、そのようなコミュニケーションがとれるようになればなるほど、自分がクライアントから多くのものをもらい(品物ではない)、話をたくさん聴いてもらっているような感覚にとらわれることが増えてきた。べてる流に言えば、筆者自身がクライアントとのコミュニケーションにおいて「弱さの情報公開」ができるようになってきた、ということになるのだろう。

本章の執筆を通じて、筆者はこのような自分の体験をあらためてとらえ直すことができた。しかも本書の出版を通じて、筆者の「弱さの情報公開」は限りなく外に開かれていく機会を与えられた。なんと「べてる的」であろうか。その意味で、今回、このようなプロジェクトに参加できた幸運に心から感謝したい。

●参考文献

浦河べてるの家 2002『べてるの家の「非」援助論』医学書院
——— 2005『べてるの家の「当事者研究」』医学書院

第2部

読むDVD

紙上完全再録

「メニュー」あるいは「ルートメニュー」ボタンを押すと、メニュー画面を見ることができます。

T（=テロップ）　認知行動療法とは当事者みずからが困り事のメカニズムを理解し、「抜け道」を探すための《自助の道具》です。

T　専門家は《自助の援助》をします。

T　認知行動療法では心の中を見つめません。世界との接点だけに着目します。

T「接点」とは次の二つです。

入口＝物事をどうとらえるか→認知

出口＝物事にどう対処するか→行動

T　べてるの家では、そうした「認知」と「行動」にアプローチする方法として当事者研究と SST をおこなっています。

T　この DVD では、べてるの家の幅広い活動を、「認知行動療法」という視点から切り取って紹介します。

●**浦河風景**

T　認知行動療法、べてる式。

N（=ナレーション）　**北海道の地図で、太平洋側に三角形にとがっているのが襟裳岬。そこから海沿いの道を、札幌に向かって車で1時間ほど上った所に、昆布とサラブレッドの産地として有名な浦河町があります。**

今から二十数年前、浦河赤十字病院の精神科を退院した数人のメンバーが、使われなくなった古い教会で一緒に暮らし始めました。それが「べてるの家」の始まりです。

●**インタビュー**（向谷地生良さん）

べてるの家というのは、今から24、5年前に、統合失調症等、精神障害をかかえる当事者のみなさんと町民の有志が始めた活動の拠点なんですけれども、その一つの大きなポイントは、働く、暮らすということだったんですね。

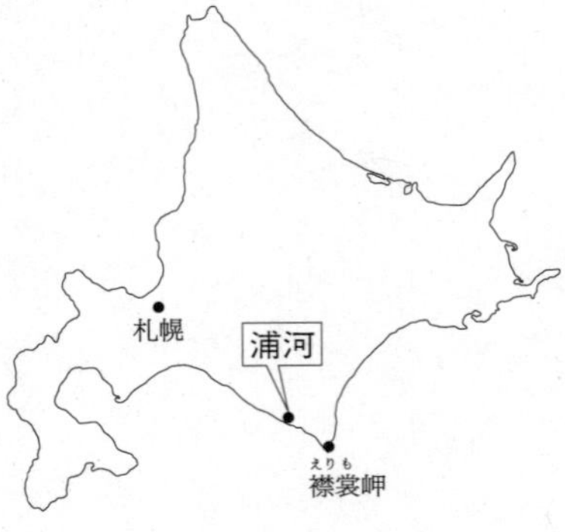

I 「べてるの家」のSST

［0C.02.15］

●インタビュー（向谷地生良さん）

N　**今では、社会福祉法人浦河べてるの家を中心に、商店街には直営店もあり、三つのグループホームと四つの共同住居を持ち、150人以上の人々がかかわる生活・就労・回復の拠点になりました。**

T　当たり前の苦労を取り戻す

暮らすということはいろんなテーマと出会うこと。苦労が起きてくる。もっともっと苦労していいし、生活そのものを起こしていく。生活というのはいろんなことに対するチャンレンジであると同時に、リスクを伴う。でもそれは人が生きるうえでとても大切な要素だと思ったんですね。当時生まれたキャッチフレーズに、「当たり前の苦労を取り戻す」なんて言葉があるように、まさにそれは、SST（Social Skills Training：生活技能訓練）の大きなテーマでもある。

それから、働くということ。子育てをするということ。仲間と折り合う、家族と折り合うこと。それから、自分の健康を管理すること。病院にも通わなくてはならない。するとそこではお医者さんとの関係とか、看護師さんとの関係が生まれる。その意味で、まさにそこには多様な生活の要素が生まれてくる。

それぞれを支援するために、住居であれば住居のミーティングが生まれ、職場であれば職場のミーティングが必要になってくる。子育てであれば、子育てをしている当事者たちを支援するグループが生まれる。そういうふうに、暮らしのなかで起きてくるさまざまなエピソードや困難を支えるための多様なプログラムが、あちこちにできてくる。ミーティングができてくる。話し合いの場ができてくる。

そういう意味では浦河というのは、多種多様なプログラムが、多種多様な場があちこちに用意されていて、それぞれがとても大切にしているのがSSTというものなのです。

T　べてるの家では、前田ケイ先生に学んでSSTを始めた

目立たないけれども確実に、その場その場で一つの課題を解決したり、何かを実現しようとするときの道具として、この認知行動療法のプログラムがとても大事にされている。

N　**ニューべてるの1階で、昆布の袋詰め作業が行われています。**

ギャンブル依存症の石川さんは、お金の使い方でいつも苦労していて、「権利擁護」という制度を利用しています。それでも、予定外の使い方をしてしまって悩んでいました。

T　地域福祉権利擁護事業　金銭管理などに不安を抱えている当事者を支援する制度

●2007年2月5日 SSTこれデイーの会

［石川貴洋さんのSST］

大濱　はい、じゃあ明日の権利擁護ですね。

石川（貴）　あさって。

大濱　父ちゃんのほうからお話あるそう

なんで。はい！

N　嘘を言っていたことを打ち明ける練習をしたいと、石川さんが名乗り出ました。

石川(貴)　あの、嘘を言っていたことがあるんですが……。

鈴木　嘘？

石川(貴)　お金のことで。前の「あじさい」で、伊藤さんにお金を払っていないこともあるし……。

T　子育てクラブ「あじさい」の伊藤さんに支払うはずのお金を別のことに使ってしまった

●メンバーからのアドバイス

T　もっと良くする点を皆がアドバイスしてくれた

男性「今後はこうします。こうするように先生から言われています」と具体的に話す。

大濱　今後の使い方を言う。はい。

浅古　あの、くだらない話なんですけど、本番は帽子を取ったほうがいい。

大濱　なるほど。良いアドバイスだね。これは今すぐにできるね。

●2月7日 支援の人と会う当日

石川(信)　朝日新聞代……。

担当者　12月分？　出してなかったっけ？

石川(貴)　月曜日に先生のところに、外来に行ったときにお金のことも含めて話をして、先生が言ったのは、嘘があったりしたら権利擁護のほうも困るから、そういうことがあったらすぐ高田さんなり、石川さんなりに相談しなさいって。

●インタビュー（石川貴洋さん）

緊張してても、練習していたから、ちゃんとうまくは話せなかったけれど、言えたかなあと思います。

N　浦河では、直接SSTにかかわる人たちだけでなく、全員で生活のなかでの練習を支えるようにしてきました。

●インタビュー（向谷地生良さん）

T　SSTを実際の生活の中で生かす

SSTが終わったあとの暮らしというか、終わったあとの時間のなかで、それがどう生かされているかということがいちばん大事になってくると思います。よく病院でありがちなのは、SSTというセッションのときには非常に肯定的に受け止められたり、練習してみようという雰囲気をつくれるのですけれども、一歩病棟に戻ったり一歩そこから離れたら、まったく違った構造というか、違った観点で、たとえば注意されたり叱られたりとかいうことが日常茶飯事的にあるような構造に放り込まれてしまう。そうなると、この1時間のSSTのセッションの意味がなくなってしまうと思うのです。

T　SSTでの練習を生活の場でも支える

そういう意味では、徹底して浦河では、病院もそうですけれどもべてるでも、1時間のSSTのなかで経験されたもの、その構造が、どうそれ以外の場でも一貫して維持されていくか、それが大事にされているかということで、それにいつもこだわるということです。

N　現在、浦河では、週に4回SSTが行われています。

●SSTこれデイーの会

時・月曜日9：30～

所・浦河赤十字病院　デイケア

T　デイケアに通所するメンバーを中心

に生活全般の練習をしている

●SSTぶらぶらの会

時・火曜日13：00〜

所・四丁目ぶらぶらざ　店内

T　ぶらぶらざで働くメンバーを中心に、仕事と生活をテーマに練習をしている

●SSTひまわりの会

時・水曜日13：00〜

所・浦河赤十字病院　デイケア

T　入院中の人も参加して、生活全般の練習や不安を話す練習をしている

II　服部洋子さんのセッション
SSTバラバラの会
[リーダー向谷地悦子：2007.2.8]

[00.09.58]

●SSTバラバラの会

時・木曜日11：00〜

所・ニューべてる

SST参加のルール

1. 見学はいつでもできます
2. いやな時は「パス」できます
3. 人のよいところをほめましょう
4. よい練習ができるように他の人を助けましょう
5. 質問はいつでもどうぞ
6. トイレにはちょっとことわってから

T　作業所で働いているメンバーを中心に仕事、生活、何でもテーマにしている

向谷地(悦)　これで全員来たの？

木林　みんな来たよ。

向谷地(悦)　じゃあ、挨拶部長さん。復活しましたので、荒谷さん。

荒谷　終わりじゃなくて？

向谷地(悦)　終わりじゃなくて、どうぞ(笑)。

開会の挨拶をする

荒谷　これから、木曜日のSSTバラバラの会を始めます。みなさんどうぞ、よろしくお願いします。

向谷地(悦)　これからSSTを始めたいと

思います。

SSTの説明をして確認しあう

向谷地(悦)　市村さんがこのなかでは新人さんなので、「SSTとは」ということを、何回も、みんなでインプットできるように説明できる人いますか？

木林　伊藤くんいないよ。

向谷地(悦)　伊藤くんいないから……はい、典子さん。

荻野(典)　ソーシャル・スキル・トレーニングといいまして、その頭文字を取って、SSTといいます。認知行動療法の一つで、日常生活でコミュニケーションで困ったこととか、けんかしちゃったとかそういったときに、よりよく生活できるように、コミュニケーションをはかれるようにロールプレイという練習をして、褒めてもらって、よりよい生活ができるようにする訓練です。

向谷地(悦)　はい、「練習の場」ですね。ありがとうございます。

ウォーミングアップをする

向谷地(悦)　早坂さんがボーッとしているということで、ウォーミングアップしてノリをよくしましょう。今日のウォーミングアップは前々回に引き続き、ジェスチャーゲームをしましょう。このあいだ、みなさんがすごい上手だとわかったので、何点かおもしろいものを考えてきました。……其浦さん、ちょっとお手伝い、いいですか？　其浦さんのお題は、こうです。みんな、わかったら、パッと手を挙げて答えてくださいね。其浦さんが、いま――しゃべっちゃダメだよ――ジェスチャーで表現しますので、わかった人は手を挙げてください。

●其浦吉男さんのジェスチャー

小川　ああ、アル中だ！

木林　あっ、わかった！

向谷地(悦)　小川さん。

小川　アルコール依存症。

向谷地(悦)　合ってる？

其浦　合ってる。

向谷地(悦)　其浦さん、最初こうやったよね。自分のこと。それがポイントだった？

小川　そうですねぇ。

向谷地(悦)　ホクレン［注：地元のスーパー］でよく倒れていた。ホクレンで倒れたとき、どうする？

其浦　ホクレンの人に、救急車、呼んでもらったりなんかして。

向谷地(悦)　助けてもらっていたの。

其浦　はい。

向谷地(悦)　図書館の前で倒れていたり、救急車呼んだり、百合子さん呼んだり、大変だったね。じゃあみんな、助けてほしいそうです。次は……潔さん。これ、お願いできる？

●早坂潔さんのジェスチャー

(はい！　はーい！)

向谷地(悦)　典子さん、早かった。

荻野(典)　パチンコ。

向谷地(悦)　合ってる？

早坂　うん！

向谷地(悦)　目のくりくりしたの、やってみて！(爆笑)

さすがだね。……はい、下野くんにやってもらうものはこれ。おどおどしないで。ジェスチャーで。

●下野勉さんのジェスチャー

向谷地(悦)　下野くんにやってもらうの、これ。はい、お願いします。

木林　パンチンググローブ！(笑)

向谷地(悦)　違いますね。

小川　爆発？

下野　正解！

小川　正解なの？　下野勉、爆発というイメージだもの。

向谷地(悦)　下野くんが出てきただけで、わかりますよね。……だいぶ、リラックスできた？

早坂　少しおもしろくなった。

向谷地(悦)　これで、ウォーミングアップを終了します。

宿題報告をする

●清水里香さんの宿題報告

向谷地(悦)　宿題報告をしてほしいと思いますけれども、宿題、もってきた方、いますか。里香さん、火曜日に練習したやつを、実際、みんなにも見せてあげないと。

T　一昨日の「SSTぶらぶらの会」での練習報告

清水　いま当事者研究で、いろいろ練習しているなかで、自分のなかにマイナスのお客さんが来たときに、どうしようもなくなったときにみんなに、雅子ちゃんみたいに何かサインを決めて、サインを送って、みんなに「OK！　大丈夫！」というサインを返してもらう練習をしました。

T　「お客さん」とは、自然に浮かんでしまうマイナスの考えのこと

……インサート映像　2日前のSST

T　吉野雅子さんは、親指を立てるサインでSOSを知らせている

池松　吉野さんの場合、サトラレがきたときに親指をこうやって立てることで、相手にも立ててもらえたら、相手とわかりあえた。「わかってもらえた。私だけじゃなかった」というのが、そういうサインなのね。

早坂　そんな意味があってやってたんだ。

池松　こういう意味があったんだって。こういうサインが、里香さんにもあったら便利ですね。どういうサインがいいかな？　みんなに募集してみますか。みんなの力借りて。どういうのだったらわかりやすいかな。

女性　ピースは？

池松　ピース。

男性　マイナスだからマイナス。「マイナスきてるよ」って。

池松　指を横にするという案が出てますけど。……こういうの？　ああ、OKマーク。OKマークもいいかもしれないね。なっちゃんは？　なに？　ニャー？

女性　コンコンって。

池松　コンコンって？

男性　両手で、ニャーッって……。親指がいやだったら、小指にしてみれば？

池松　小指ね。またちょっと違う意味になっちゃうね(笑)。……ということで、いまのなかで、どれがいちばん印象に残っています？

清水　私、人前に出たときにいろいろやるのは恥ずかしいので、これだったら、みんなしかわかんない記号でいいかなって。コンコンって。

池松　コンコンって。じゃあ、潔さんは一緒に講演に行くから、また講演の場面ということで、講演の最中にお客さんが来たときにSOSのサインを出す練習をしてみましょうか。里香さんがいて、潔さんがいて……。

清水　マイナスのお客さんを誰かにやってもらって。

池松　マイナスのお客さん役、何人ぐらい必要ですか。

清水　3人ぐらい（笑）。

池松　マイナスのお客さんたくさんいるっていうことで、すごくたくさん。じゃあ、3人ぐらい。

清水　天戸さんと、なっちゃんと、今泉さんと3人で。

池松　はい。じゃあ、その3人、お願いします。このマイナスのお客さんは、いったいどんなことを言ってくるんだろうか。

清水　そのときによっていつも違うんだけど。

T　里香さんは「○○さんは嫌なやつだ」など他人をけなす言葉に支配されてしまう

池松　「おまえなんか、ブスだ」とか、「カッコ悪い」とか、「ダサい」とか、ほんとは思ってないのに、そういうふうに出てしまっているわけですね。じゃあ、言葉を一つずつ決めて。

今泉　じゃ私は「あいつバカだよな！」

池松　「バカだよな」

天戸　「ブス」

泉　「ダメだ！」

早坂　俺、どうしてればいい？

池松　潔さんは、里香さんがサトラレのサイン、コンコンって、こういうのをやってくれるので、そのときに潔さんが同じように「大丈夫だよ」って。はい。じゃあ、いきます。はい、スタート。

今泉　あいつ、バカだなぁ。

天戸　……ブス。

泉　ダメだぁ。

清水　来てるわ〜ごめん。（コンコン）

早坂　（コンコン）

……ふたたびSSTバラバラの会

向谷地（悦）　それを、個人的に、誰かに伝えたとか？

清水　なっちゃんに。

向谷地（悦）　なっちゃんに、伝えた。どういうときに？

清水　どういうふうに来るの？　という話をしていて、自分のなかにマイナスのお客さんが、人のことを中傷するような言葉が浮かんだりするときにつらくなるんだという話しをして、そのときに「ごめん！　いまお客さん来てるんだ（コンコン）」ってサインで伝えたら、なっちゃんが、「ああ、わかった！　わかった！」って応えてくれた。

向谷地（悦）　成功したということですね。

清水　はい。

T　里香さんは、2か月前に退院したばかり

向谷地（悦）　いま里香さんは、仕事というリハビリで、毎日べてるに来ているんだけど、マイナスのお客さんが入ったときのサインをこれで表現することにしたんだよね。

清水　いろいろ考えたんですけど、あまり大仰なのは恥ずかしいので「コンコン！　来てる！　来てる！」ってやりま

した。

向谷地（悦）　それを、みんなに知ってほしいなということと、明日から横浜に講演会に行くことになったので、羽田空港とか、人ごみの中とか、講演会の舞台の上で、マイナス思考のお客さんが来たときに、潔さんや河崎くんにサインを送る練習をしましたので、それをやってみて！

清水　コンコン！

向谷地（悦）　かわいいね。

早坂　かわいいね。子ギツネみたいだね。

向谷地（悦）　明日から、そのサインを持って行ってきますから、宿題報告を楽しみにしていますから、がんばってきてください。

●早崎潔さんの宿題報告

向谷地（悦）　講演会で自分はどんなときに調子が悪くなったりして、どういうときにお客さんが来て、そして自分の助け方はこんなふうなんだよという練習をしたんですよ。

……インサート映像　2日前のSST

池松　潔さんはこっち。（市村さんは）向谷地さん役でね。みなさんは鶴見に来たお客さんということで、潔さんの話をよく聞いてください。市村さん、お願いします。

T　市村さんは、SSTに参加するようになったばかりで、この日初めてロールプレイをした

市村　潔さん、どういう場面で苦労していますか？

早坂　普段かい？　普段は、緊張したり、人前でサービス多すぎて、サービス精神が多いので疲れてしまう自分がいます。

T　話がぐるぐる回りをしないように簡潔に話す練習をした

……ふたたびSSTバラバラの会

向谷地（悦）　それを、明日からの講演会の舞台の上で報告するんですね？　みんなから応援のメッセージ、ほしいです？

早坂　はい！（深呼吸をして）ぶらぶらざでSSTをやったんです。奈良とゴッチャになってるんだけど、清水さんがいたときに僕もやったんだけど、そのときに向谷地さんの役で……。

T　潔さんは、体調不良で奈良の講演に行けなかった

向谷地（悦）　市村さんが向谷地さん役で応援してくれたんだよね。すごくいい練習でした。……じゃあ、明日から講演会で、がんばってきてください。

早坂　明日？！　洗濯とか、ちゃんとしないと。

向谷地（悦）　もう、行く前から（笑）。洗濯して、パンツ3つ持って、シャツ持って、その段階から練習しないといけないんだよね。

早坂　そう、そう。俺の部屋ゴチャゴチャなのでね。……みんな、行ってきますので、バラバラになるかもしれないですけど、よろしく応援お願いします！

（拍手）

練習課題を決める

●服部洋子さん登場

服部　2年前に一度だけSSTに出て、しばらくぶりに出てきました。服部洋子と申します。

向谷地(悦)　知らない人もいるからね。

T　福祉ショップべてるの佐々木社長の秘書をしている

服部　社長秘書が忙しいもんで(笑)。今日は佐々木社長から、SSTに行っておいでと言われて。

T　ひきこもり系の洋子さんは、最近当事者研究に参加するようになった

向谷地(悦)　社長命令で来たのですか？

服部　3月から本格的に、ニューべてるとデイケアで、自己研究ができるようになったので、その結果と、自己研究の内容を少し話したいです。

向谷地(悦)　ふーん。じゃあテーマは？

服部　自分の病気の振り返りと、15年間社長と一緒に暮らし、ご飯を食べてきたんだけど、いろいろ問題もあったんだけど、これからはいろいろな面で、作業所にあまりかかわらなかった15年間だけど、こういうSSTや自己研究の場を借りて、自分の病気をもう少し発散できればいいなと思い、ここに来ました。

今年の4月で、自慢じゃないけど、入院しない時期が9年目になって、あと1年、10年を目指してがんばりたいと思いますので、みなさんのご協力をお願いいたします。

向谷地(悦)　すごいねえ。

T　10年目を目指していた洋子さんはこの後、入院してしまった

向谷地(悦)　社長秘書として苦労していることある？　人間関係で、お店番をしたりとか。

服部　ぱぽの店では、自分の苦手なお客さんが来たときに、心のなかで思ってはいけないことを思って、「早く帰れ、このクソジジイ！」とか(笑)。「私が居るときに、なんで、いつも来るんだろうか」とかさ。向こうも同じようなことを思っていたらしくて、「あの太った人、対応が悪い」って。あとから「気をつけなさい」と社長に言われた。やっぱり、見る人は心を見るんだなぁと。

T　「ぱぽ」は、福祉用具と介護用品の専門店。洋子さんは、週に2回店番をしている

向谷地(悦)　それは、大事な苦情ですね。そのお客さんは、何を買いに来るのかな？　ストマ？

服部　ストマみたいな感じで、セットで置いてあるもの。セットの中身を見て、ないから。といってその人が悪いんじゃなくて、私が、イライラさせる態度をとるのが悪いんだなと思ってね。

向谷地(悦)　じゃあ、その人の練習をしましょう。相手役は男の人かな？　誰か相手役を。

服部　磯田さん。

向谷地(悦)　磯田さん、お手伝い、いい？　じゃ、お願いします。

状況を詳しく設定していく

向谷地(悦)　お客さんが来る前は、座っているか、立っているか？　どこに机があるか、場所設定をお願いします。

服部　ここで机に向かって、書き物をしている。

向谷地(悦)　仕事をしてるってことで、ほかにポイントは？

皆にアイデアを出してもらう

其浦　一言、リラックスさせるような言

葉をかけてあげて、洋子ちゃんが、来てもイライラさせないような感じっていうか。お客さんは、目つきや態度を見るから。そういうのでもって……。

向谷地(悦) たとえば、どんなリラックスさせる言葉?

其浦 今日はとても寒いですねとかって、一言掛けてあげる。

岩田 にっこり笑って、笑顔で、いらっしゃいませ! と言ったらそれで、全然、違うと思います。

向谷地(悦) ニコッとして、いらっしゃいませ!

服部 やっぱり、笑顔だね。

吉田 億劫がらずに来てくださいね。ありがとうございました。

向谷地(悦) なるほどねぇ〜! 私、ちょっと、アドバイスなんだけれど寝転がって「いらっしゃいませ」と言うより、お客さん来たときに立ち上がって「いらっしゃいませ」って言ったり。

服部 あるとき、こういうことがあったんだけど。寝ていたときにお客さんが来て、「寝ているところ、すまないねぇ〜」と言われた(笑)。あっ! と思った。

T 洋子さんは、店番をしている時たいてい寝ている

向谷地(悦) いらっしゃいませを言うときは、やっぱり立ち上がって……。

服部 そういうときは、いつもそうしてる。

向谷地(悦) そうして、近づいてくとかね。……そしたらちょっと、吉田さん、モデリング、いい? いまの。

吉田 店員として?

向谷地(悦) うん!

モデリング 見本を見せる

向谷地(悦) お探しの物なかったら……と、立っていらっしゃいませ。お客さん、いいですか?

磯田 いいですよ。

向谷地(悦) じゃあ、いまから。はい、用意、スタート! 洋子ちゃん見ててね。

磯田 すいません、ストマ、ありますか?

吉田 いらっしゃいませ。いつも、ありがとうございます。今日、ちょっと、ストマ、ないんですけど、いつまで、ご入用ですか? 今日中ですか?

磯田 早めのほうがいいのですが……。

吉田 そうですか。ちょっと、お時間とらせていただいていいですか?

磯田 どのくらいかかりますか?

吉田 本部に確認しますので、ちょっとお待ちください。電話をかけます。……やっぱり、ないそうなんですけど。

磯田 どのくらいかかりますか?

吉田 もしよろしかったら、お電話番号を書いていただけますか。都合のいい時間に、入荷したらお電話をかけますので。

磯田 わかりました。夕方ごろに。電話番号を書きますのでお願いします。

吉田 何回もお手数をおかけして、すみません。またよろしく、お願いします。

(拍手)

向谷地(悦) すばらしい! 洋子ちゃん、参考になったところ、ありますか?

服部 お客さんに対して、ちゃんと目というか、顔を見て、丁重なことばで親切に、わかりやすく説明していたのが、果

たして私にできるのだろうか……(笑)。

(大丈夫、練習だから)

向谷地(悦)　申し訳ありませんという表情が、とても上手でしたね。……みんな、いいとこ見ていてくださいね。

練習をする

向谷地(悦)　みんな、いいとこ見ててくださいね。よーい、スタート！

磯田　すいません！

服部　はい、おはようございます。

磯田　ストマ、ありますか？

服部　恐れ入ります。いまちょっと在庫が切れていて、ないようなので調べてみます。本部に電話をかけさせていただきますけど、時間よろしいでしょうか？

磯田　時間、いいですよ。

服部　ちょっと、電話かけさせてもらいます。(リンリンリン、もしもし……) すいません。やはりないそうなので、もしよければ電話番号を教えてください。

磯田　どのくらいかかりますか？

服部　少し時間がかかるそうなので、しばらく時間をくだされば電話を……。

磯田　電話番号をここに書きますので、メモ用紙、あります？

服部　あります。

磯田　書きますから、もし夕方ごろ、電話いただければ助かりますので、よろしくお願いします。

服部　どうもありがとうございました。

(拍手)

向谷地(悦)　洋子ちゃん、よかったですね。良かったところ。はい、雅子ちゃん。

良い点を発表する

吉野　吉田さんのやったことを、ちゃんと学んで、生かしてやっていた。すごく自然で、わかりやすくて、応対も良かったので、お客さんも気持ちよく帰れたと思います。(拍手)

岩田　相手を思いやる気持ちが伝わってきて、とてもよかったです。

服部　ありがとうございます。(拍手)

向谷地(悦)　はい、潔さん。

早坂　相手の目線を見てたし、これからやるんだというのが、伝わってきました。(拍手)

向谷地(悦)　よかったですね。これを取り入れてね。……社長さん、お客さんから苦情がきていたみたいで。いまクビにならないように練習していたんですが良かったところを、一言お願いします。

佐々木　やっぱり、ぱぽへ行って働いていて、自分で直そうと悩んだり、苦しんだりして、これから一生懸命やっていこうという姿勢が良かったと思います。いろいろあると思いますし、良いことも悪いこともあるんですけど、自分で直していこうという意欲が感じられた。SST に出てこようという気持ちが良かったと思います。

T　(佐々木社長は) グループホームべてるの家で共に暮らす仲間でもある

服部　ありがとうございます。(拍手)

向谷地(悦)　いい社長ですね～。ちゃんと、秘書に時間を作って、SST に行くように言ってくれたんですよね。じゃ、洋子ちゃん、がんばってください。

(がんばって！)

感想を言ってもらう

向谷地(悦)　今日あんまりしゃべってない方々に感想を！　潔さん、当ててくれる？　4人くらい。

早坂　はい。

伊藤　みんな良かった。

飯田　がんばってください。

向谷地(悦)　遠山さん、感想をお願いします。

遠山　私も、むかしストマを付けていたので、ストマを買いにくる人の心情がわかるんですけど、買いにくるということは、せっぱ詰まっているんです。

向谷地(悦)　ないと困るんですね。

遠山　はい。ないと言われると、まず、もうそこには行かないですよ。浦河には1軒しかないんですよ、売っている所は。「ぱぽ」しかない。態度が悪いからといって行かないわけにはいかないので、極力ないとかって言わないほうがいいです。とりあえず「時間かかりますけど」で、止めておいたほうが。介護用品の場合は、在庫がないということ自体がまずい。

T　浦河には、介護用品の店が「ぱぽ」しかない

向谷地(悦)　ショックを受ける？

遠山　ほんとうは、ほかの所に行きたい。浦河には1軒しかないので。

向谷地(悦)　それも勉強だね。アドバイスありがとうございました。天戸さん。

天戸　感想？　みんな、がんばった。

向谷地(悦)　洋子ちゃんに、がんばってほしいですね。

天戸　はい。

向谷地(悦)　木林さん、感想をお願いします。

木林　SSTで、みんな、練習をして、力を得る。こういう会があって、みんなも幸せだし見てるほうも、助ける言葉をかけたりして、みんなが安心するとうれしいし、SSTはいいと思います。

宿題を持って帰る人に
応援の拍手を送る

向谷地(悦)　今日、宿題を持って帰る人、立ってください。里香さん、雅子さんと、はい、応援の拍手で。(拍手)

閉会の挨拶をする

伊藤　これから、バラバラの会を終わりにします。

向谷地(悦)　これからね……(爆笑)。ありがとうございました。

■伊藤絵美さん解説

このセッションを見て、とても感動しました。充実していて、しかも楽しそうで、メンバーさんも悦子さんも楽しそうで、あっという間に時間が過ぎてゆくSSTだったと思います。

その理由はいろいろあると思うんですけれども、構造化がしっかりされているとか、構造化をしっかり行うためのスキルを悦子さんが持っていらっしゃるとか、メンバーを主役に立てるとか、楽しそうな雰囲気で進めているとか、おそらくいろいろなコツがあるんじゃないかというふうに思いました。

T　しっかりした構造が、セッションを確かなものにする

べてるのSSTは全部そうだと思うん

ですけれども、構造化が非常にはっきりしているということですね。構造化がいかにセッションを確かなものにするかというのが、見ていてよくわかりました。構造化というのは、一種のしかけだと思うんですけれども、そのしかけがあることによって、参加者、メンバーの方々がすごく伸び伸びとセッションに臨んでいるなというふうに思いました。

今回のセッションの構造なんですけれども、開始の挨拶をして、SSTとは何かという説明をして、ウォーミングアップをして、宿題の報告があって、今日は何の話題をやりましょうかとアジェンダ設定をして、すごくリアルな課題を決めて、実際にどうしたらいいのか、アイディアをみんなで出して、そのうえでロールプレイをして、練習をして、リハーサルをして、リハーサルに対してみんなのフィードバックがあって、さらに感想を出してもらって、宿題を出して、最後は応援の拍手。実はすごくたくさんのことが、手際よく行われていまして、その構造化がすごくきちっとされているセッションだと思いました。

T　全員が流れをつかめる

構造化されていると何がいいかといいますと、参加者全員がこの時間に何をするのか、この時間に自分がどうかかわるのか、いま時間の流れのなかで何をやっているのかとか、あと何と何をすればいいのかの見通しが持てて、いまどこにいるかという立ち位置がわかる。それが安心感につながるというふうに思いました。

……インサート映像

向谷地(悦)　じゃ、宿題報告をしてほしいと思います。宿題を持ってきた方、いますか？

……ふたたび伊藤さん

いまからこれをやります、いまこれをやっているんだよね、と一つひとつを言語化して、みんながそれに付いていっている。それが最初から最後まで見事に行われていました。それはやはり、構造化をしっかり実現させるためのスキルだと思いました。

しかも悦子さんのすごいのは、構造化をきっちりするとカチカチとした堅苦しい感じになりがちなのですが、構造化ということを知らない人がこのセッションを見たら、すごく自然に流れているように見えるんじゃないかなと思うぐらい、非常に自然にやっている。でも実際は、しっかり、その場で起きていることをマネジメントしていると思いました。

T　メンバーを主役にする

メンバーさんを主役にして、メンバーさんに仕事をしてもらっている。たとえば新しいメンバーさんがいらっしゃって、SSTのこと知らないというときに、悦子さんがSSTの説明をするのではなく、ベテランのメンバーさんにしてもらう。あるいは、ロールプレイをするときも「見本を見せましょう」「モデリングしましょう」と言ったわけですけれども、それも他のメンバーさんにやってもらって、それをほかの人が見るというかたちで、悦子さんはリーダーだけれど、メンバーさんの視線はメンバーさん同士で行き交っているという感じで、メンバーさんが主役になれるようにきっちり配慮していると思いました。

T　メンバー同士のコミュニケーションが生まれる

最後に、発言のなかったメンバーに感想を言ってもらう時間帯があったと思いますが、それも悦子さんが言ってもらうのではなくて、潔さんにマイクをまわしてもらっていたと思いますが、やはりそこでメンバーさんとメンバーさんのコミュニケーションが発生し、より豊かになっていたという感じがありました。

III 「べてるの家」の当事者研究

[00.42.14]

T　2007年2月5日　浦河赤十字病院デイケア

N　**爆発救援隊の隊長・河崎寛さんは退院したばかりで、毎日、デイケアに通うことを目標にしています。日曜日のきのう、メンバーの臼田さんが近くのラーメン店の看板を壊してしまいました。**

その事件を受けて、臼田君の緊急爆発ミーティングが開かれました。

T　「緊急爆発ミーティング」で当事者研究

●臼田君の当事者研究

向谷地(生)　月曜日、最近定例でやっている爆発救援ミーティング。若干、緊急が入ってる。今日の司会は河崎寛さん？

河崎　始めます。よろしくお願いします。(拍手)

向谷地(生)　体調と気分は？

河崎　体調はいい。気分は、お客さんが来て、ちょっとしんどいです。

松本　体調と気分はいいです。きのう飛行機にも乗ったし、コーヒーも飲んで、映画も見てきたし。山本賀代ちゃんが、「私、キムタクに優しくしてもらったんだ」という夢を見てね、そのあと映画を見にいったんです。僕はキムタクの映画見にいって、あの女たちは違う映画を見にいったけど、『武士の一分』を見たら、キムタクの彼女の名前が「カヨ」だった(笑)。賀代ちゃん、やるなぁ〜と思ったよね。

向谷地(生)　『武士の一分』？

松本　さすがだなぁと思ったよ。

向谷地(生)　浦河にも来るんじゃないか。

松本　来ますよ。

向谷地(生)　今度、見に行こう！

臼田　気分体調は……どんよりと曇っている。ただ、朝起きて気分がいいと気疲れみたいなのを起こしちゃって、お金の使い方も、引き出して荒いし、一人でいる時間が長くて……全体的にブルーなんですよ。

向谷地(生)　食べ物の味が、ちょっとおかしい感じがした？

臼田　文句を言うと、あっちもせかせかしていたから、におう所だけをはじいていたら、店員に見つかって、何、やってんだ！　って喧嘩になって、どんどんエスカレートした。

T　日曜日に一人で近くのラーメン屋さんへ食事に行った。変なにおい(幻臭)がしたので、ラーメンをテーブルにはじき出した

●ホワイトボードに書きながら

向谷地(生)　食事をした。味が変。で、このとき、何を考えたんだっけ？

臼田　なんかいやがらせだと思った。

向谷地(生)　テーブルの上に食べ物を出したときには、実はもうイライラしていた？

臼田　イライラしていた。

向谷地(生)　全体的に人と話す機会が減ったり、仲間と接触が減ったり、一人ぼっちの時間が多くなりすぎると、臼田くんの場合はいろいろ不調が始まる？

臼田　先週は平日もかたよっていた。月曜日に来たくらいで、デイにも来ていなかった。

T　月曜日にデイケアに来ただけだった

向谷地(生)　来てなかったんだ。そうか。デイの通所が止まってたんだ。

臼田　通所とか、ニューベてるに行かなかったりとか。

向谷地(生)　どうして、こういうやり方をしてたの？

臼田さん　寝てはいたけれどなかなか眠れなくて、寝不足で対人恐怖になったというか。

向谷地(生)　対人恐怖になった？　対人恐怖は……何の影響？

臼田　やっぱり寝不足。寝不足だと対人恐怖になる。

向谷地(生)　ふーん。……幻聴さんのお陰で寝不足になってたんだ。そして、対人恐怖になって、人と会うのが難しくなって、(デイやニューベてるに)行くのをやめて、人と接触が減って、そしたら味が変になったり、被害妄想が強くなったりして。

河崎　一人で居る時間を減らして、朝起きて、デイケアに来るといいね。

向谷地(生)　生活にリズムをつける。

河崎　うん。

臼田　ショートケアも、「ちょっとステイ」が続いていたから。

向谷地(生)　新しい人が、最近来てるからね。

臼田　でも、新しい人、何人かとは仲よくなった。

T　デイケアに新しい人が増えて馴染めない感じがしていた

臼田　新しい人が新しい人と話してい

て、その違う新しい人と全然面識がないと話のなかに入っていけない。

向谷地(生)　そうすると、お客さんがかぶってくる？

臼田　いや、僕に対して無愛想な顔をしている。そういう先入観があるから、嫌がられているのかなと思って、それで避けちゃう。

向谷地(生)　そのへんがSSTで練習するツボだね。これをぜひ、やっていきましょうよ。

●ミーティングひき

向谷地(生)　臼田くん、このへんの君の助け方というか、デイケアに来るとか、新しい人に馴染むとか、新しい場所に馴染む。そのへんがずれてくると、だんだんこの歯車（悪循環）が回っていく。

臼田　お腹が減ったとか、仲間との接触とか、女性とか。その前に相談する。

向谷地(生)　溜め込むと、ここ（味が変）にいってしまうわけね。もし、それでも、味が変になったら、どう……？

臼田　早めに立ち去るとか。

向谷地(生)　ああ、それもいいかもしれないね。そのへんのことをSSTのテーマにして、繰り返し繰り返し、やって行きましょうね。

■伊藤絵美さんの解説

T　緊急事態にすぐ対応する即応性がある

通常SSTやミーティングはスケジュールが決められていて、その決まったスケジュールのなかで行われるものだと思うんですけれども、何かアクシデントが起こって、それに緊急に対応しなければいけないというときに、すぐに集まって、ふだん行われているミーティグを開く、フットワークの軽さがすごいと思いました。

T　「ソクラテス式質問法」を使ってアセスメントする

通常ですと、後始末をどうしたらいいかとか、同じことを繰り返さないためにどうすればいいかとか、そういう話になりがちだと思うのですけれども、何が起きたのかというのを、ソクラテス式質問を使って、向谷地さんが臼田さんに質問を重ねていって、「どうしたらいいか」ではなく、「どうしてこういうことが起きちゃったんだろう？」というところを、まず丁寧に見ていくというポイントがしっかり行われていた。

それはたとえば具体的には、「どうしてこういうことになったの？」というふうに向谷地さんが臼田さんに聞く。すると、「寝不足で対人恐怖になった」ということがあって、「その対人恐怖は何の影響なの？」と聞くと、また臼田さんが、「やっぱり寝不足なんだよね」という話をするという感じで、何と何がどうつながっているのかということを、だんだん明らかにしていく。どういう循環が起きていたのかということをホワイトボードに順々に書き出していって、何が起きていたのかということが、ホワイトボードに外在化されていくわけです。

T　アセスメントされた悪循環を外在化する

通常、何か事件を起こしてしまったという話をするときに、そのミーティングのリーダーも、参加者も、当事者を見てしまうと思うんですよね。そうするとみんなが「なんでそういうことをしてしまったの？」と視線が本人に集まってしまって、責めるつもりはなくても責めてしまうような場になりがちだと思うんですけれども、何が起きたのか、何があったのかということがホワイトボードに外在化されていると、みんなの視線がホワイトボードに移っていく。しかもおもしろいことに、臼田さんご自身も自分の問題が外在化されているホワイトボードを見ているという感じで、見事にアセスメントが行われて、それがさらに外在化されていて、それをみんなが見ている。それが、べてるの認知行動療法の「問題志向」というものを、よく表しているものだというふうに思います。

T　べてるの特徴＝「問題志向」

N　**「三度の飯よりミーティング」というキャッチフレーズを持つべてるの家では、ずっと、ミーティングを大切にしてきました。**

●当事者研究ミーティング

時・月曜日 11：00〜

所・ニューべてる

N　**爆発を繰り返すメンバーが集まって始めた「爆発ミーティング」がきっかけとなって、当事者研究ミーティングが定期的に行われるようになりました。**

●インタビュー（向谷地生良さん）

T　深いテーマはSSTに乗りにくい

「自分はなぜ、こんなに爆発をくり返すのだろう」とか、「なぜ自分はいつも同じ失敗をくり返してしまうのだろう」というような深いテーマになってくると、単純にSSTには乗りにくいということがあります。

T　練習しようから研究しよう

そこで、「じゃあ一緒に研究してみよう」と言って、みんなの語らいが始まる。ああでもない、こうでもない、きっとこうだよ、もしかしたらこうやったらいいかもしれない、などというように、自然にコミュニケーションが起きてくる。みんなで議論しているうちに、想像もつかなかったアイデアが生まれたり、切り口が見えてきて、「あ、そうか。こういうことだったんだ」というように腑に落ちる。

T　当事者研究によってSSTの練習課題が新たに見えてくる

そのなかで、「じゃあ、これを練習すればいいんじゃない？」というようなことが突然見えてきて、「練習しよう！」ということもある。

●インタビュー（大濱伸昭さん）

T　SSTは実践と実験の場

SSTを使って実践、実験という言い方をしますが、それをしながら、どんどん進めていくというサイクルが……。だから、研究だけではどうしようもならない。研究には実験とか失敗が必要で、その実験をうまく成功させるためにSSTがある。

T　当事者研究とSSTは車の両輪

だから、そういう意味ではほんとうにつながっていて、どちらも欠けてはいけないものだから。

IV 沖田操さんのセッション
SSTこれデイーの会
[リーダー大濱伸昭：2007.2.5]

[00 54.39]

T　2007年2月5日　浦河赤十字病院デイルーム

N　**デイケアで行われているSSTには、入院中の人も参加しています。**

●沖田さんの報告

大濱　沖田さん、報告してくれることありますか？

T　沖田さんは、糖尿病が悪化して内科病棟に入院している

沖田　いま食べ物が、目をつぶっても、幻聴みたいに浮かんでくる。口が閉じてなくて、食べたくて食べたくて、ご飯は出ているんだけれど、味の濃い物が食べたくて止まらない。イライラして。もうちょっとしたら退院になるのだけれど、家に帰ったらこれ（食べること）に走るのではないかなって怖いです。どうしようと思うと眠れなくなる。

大濱　もう、退院は近いんですか？

沖田　わからないけれど。

T　最近、当事者研究ミーティングで爆発の研究をしている

大濱　沖田さん、爆発の研究で、いろいろな爆発の種類を持っていることがわかったけど、食べる、タバコ、買い物、あとは何？

沖田　覚えていない。……リストカット。

大濱　ここに来るたびに、おもしろいのは、みんなの顔が食べ物に見えるって。宮沢さんは、今日は何？

沖田　カボチャ。

大濱　僕は？

沖田　アイスクリーム。

男性　かわいいね（笑）。

大濱　かわいいね。鈴木さんは？

沖田　鈴木さんは、チョコパフェ。

大濱　きょうは、甘い物が食べたいんだね。

●沖田さん、前へ

大濱　はい、今日、練習したいことのある人。……さっき沖田さんが言ってくれたから、沖田さんから先にやりましょう。

沖田　カロリー計算されて、ご飯が少ないんだけど、もう少しで退院で、間食したらダメって言われてるんだけど、このごろは寝ても起きても食べる物がちらついて、まだ売店には走っていないけれど、ジュースの所に何回か走ってしまった。退院したら、また食べる物に走りそうで、どうしようかなって困っている。

佐藤　提案！　そういうときはタバコを吸う。

大濱　いろいろな対処法があるよね。いまカロリー計算されていて、けっこう制限されているんだ。大変だよね。1日どのくらい？

沖田　1400カロリー。

大濱　1日1400カロリー？

鈴木　3食のご飯だけ。

佐藤　白飯（しろめし）（笑）。

大濱　ちなみに、ココイチのカツカレーはそれだけで1000カロリーある。1400カロリーといったら、ほんとうに少ない

んですよ。みなさん想像つきますか？　どんな感じなのか説明できます？

鈴木　見た目はそんなに。ご飯が少ないけど、おかずは普通にあって、味が薄い。

大濱　人は、普段はどのくらい？

鈴木　入院の給食は、2200カロリーだよ。

大濱　沖田さんは、普段はこれ以上とっていた？

沖田　うん。

大濱　半分以下に抑えなくちゃいけないってわけだね。

沖田　みんなの顔が食べ物に見えてきて(笑)。

大濱　ガブッてやられちゃうかも。

沖田　唇を噛んでいないといられなくて。

大濱　1400というのは、抑えなくてはいけないわけね。それで、いろいろ、沖田さんは対処法をしているわけね。唇を噛むとか。そのほかには？

沖田　タバコの所に行ったり。

大濱　タバコを吸う？　うん。

沖田　常に寝るようにしている。

大濱　寝ておく？　はい。寝て、これくらい？

沖田　はい。きのうは、甘いジュースに行っちゃった。1回。

大濱　じゃあ、沖田さんが、甘いジュースに行くか、何も食べない方向に行くか。

●二つのコースを設定して練習

大濱　とってもお腹が空いてきました。佐藤さん、甘い自動販売機役になってもらっていいですか？

佐藤　ええ、いいですよ。

大濱　そこで自動販売機役。鈴木さんのあたりが、何も食べない我慢のコースとしましょう。二つの道が、沖田さんに用意されている。

鈴木　我慢のコースにも何かいいことがあったらいいですね。

大濱　こっちからは、どんな声が届きますか？　沖田さんのもとへ。

沖田　「飲みにおいで」って(笑)。

大濱　あとは？

沖田　「好きなだけ飲んでいいよ」

大濱　「好きなだけ、飲んでいいよ」「ちょっとくらいなら……」と、自動販売機から誘惑のお客さんが来るわけね。

沖田　あと、「お金入れて」って！(笑)

大濱　逆に、我慢のコースからは、どんな声が聞こえますか？

沖田　「死んじゃうよ」「ダメだよ」

鈴木　「スタイルよくなったよ」とか。

大濱　じゃあ、いま僕が一緒に歩きますから、おふたり、一斉に声を出してください。あ、一斉だと聞こえないから、交互に言ってもらっていいですか。「飲んじゃいな」とか、「お金入れるだけだよ」とか。

佐藤　「これ、あげる」とか。

大濱　いいですねえ。……交互に言ってもらっていいですか。いいですね。ちょうど、ジュースがある。お腹空いてきましたね。どっちのコースを選ぶか？　はい！　どうぞ！

佐藤　これあげる。飲みな！　おいしいよ！

鈴木　そっち行ったら死んじゃうよ。こっちおいで。

佐藤　お金入れれば飲めるよ。どうする？

鈴木　せっかくがんばっているんだから。こっちおいで、沖田さん。

佐藤　こっちのほうがおいしいよ！

大濱　だいぶこっちのほうに誘惑されてますね（笑）。ありがとうございました。

（拍手）

●振り返り

大濱　ここでみなさんに……。彼女、誘惑が上手でしたね。間違いなく僕でもこっちに行くと思いますが、鈴木さんの勢力が弱かったですね。

佐藤　すみません。

大濱　いや、いいんですよ。鈴木さんのほうから、どういう声が聞こえたらいいのか。どういう声が聞こえれば、沖田さんは、もうちょっとこっちに行けるようになると思います？　どんな声が聞こえてきたら、沖田さん、こっちへ行けそうかな？　みんなも一緒に考えてくれる？

宮沢　「入院長びくよ」

榎本　「いのちを大切に」

宮沢　「早く子どもに会えるよ」

大濱　いいですね。あと、一つぐらい「がんばっているね」と、ほめてあげてもいいかな。沖田さん、いろいろ、いいメッセージがありましたが、沖田さんにピッタリだと思うのは？

沖田　いま、子どもに会えないから、「入院が長びくよ」

大濱　「入院長びくよ」とか、「長びいたら子どもに会えなくなるよ」とか？　なるほど。

沖田　疲れてきた。入院生活に。

大濱　なるほどね。わかりました。……あれ？　動く自動販売機？（笑）

●役割交代

大濱　そしたら、沖田さんには我慢する役に回ってもらいます。鈴木さんと沖田さんをチェンジしますね。沖田さんは我慢する沖田操さんになって、引きずってほしいの。誘惑がすごいからね。負けないように、席を立ってもいいから引きずっておいてください。……（沖田さん役の鈴木さんに向って）そしたら沖田さん、あなたはお腹が空いて、1日1400カロリーと言われているそうですが、あちらから自動販売機の誘惑がきますね。どっちの道を選ぶかやってみましょう。はい！　どうぞ！

沖田　入院長びくよ。子どもに会えないよ。入院長びくよ。子どもに会えないよ。入院長びくよ。

佐藤　おいしい野菜ジュース、すっごい栄養あるよ。飲んで〜。野菜ジュースだよ。こっちへおいで。

（鈴木さんが沖田さんの所へ行って握手する）

大濱　どうですか？　いまの沖田さんの自分への呼びかけ、いかがでした。

山口　すごくスムーズに、はっきりと伝えていて良かったと思います。

宮沢　たぶん、沖田さんのなかに二つ気持ちがあったと思う。だから、いまの考え方が出てきたんだと思う。

大濱　沖田さんの役をやった鈴木さんは？

鈴木　誘惑がすごい上手で、後ろ髪は引かれたんだけど、でも、沖田さんが優しく笑顔で呼んでくれたので、こっちに来たくなりました。

●ふたたび役割交代

大濱　最後に沖田さん、沖田さんが自分を呼ぶ声がどんなに大きかったか。これなら大丈夫だというのを、いま沖田さんがやったように、鈴木さんがやってくれる？「これなら、間違いなく行けるよ」というのを証明してあげて。鈴木さん、沖田さんがやったようにお願いします。……はい、お腹空いてきました。騒ぎ出しました。はい、どうぞ！

佐藤　こっち、おいしいよ！　甘くておいしいよ！　どうする？

鈴木　入院長びくよ。子どもに会えなくなっちゃうよ。沖田さん、早く、早く、こっち、こっち！

佐藤　水で薄めれば、おいしいんだから。こっちだよ。こっちのほうがおいしいよぉ。

鈴木　子どもが待ってるよ。入院長びいちゃう……。

(鈴木さんのほうに歩いていく沖田さん)

大濱　ちょっと、スキルアップしたね(笑)。飲みたくなった。ここに居たら沖田さんの声、大きく聞こえた。これを何回か、やっていきましょう。

■伊藤絵美さんコメント

沖田さんが主役のSSTですけれども、技法としては「アセスメント」と認知行動療法の二大技法の一つである「認知再構成法」が使われていたと思います。

T　アセスメントが具体的

カロリー制限されていて、ジュースを飲みたくなっちゃうというのが、どういう場面で、実際に問題になるのかというところが、非常に具体的に切り取られて

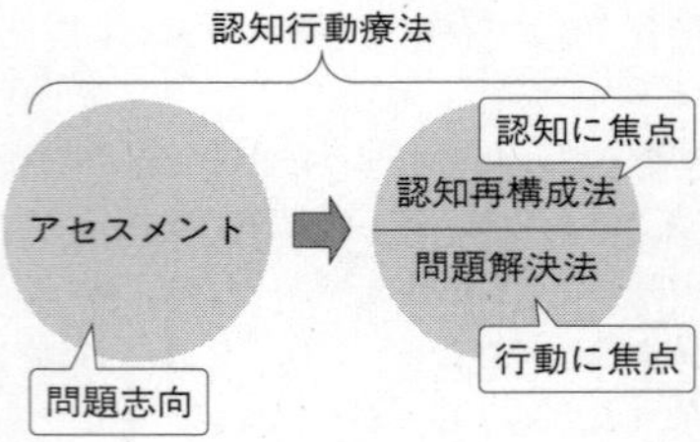

いたと思います。病院に、自動販売機が置いてあって、いまにもジュースを買いそうになる。そういう具体的な場面が設定されているのがすばらしいと思いました。

あと、もう一つはカロリー制限されていると漠然と言われても、そのきつさはもう少し具体的にならないとわからないと思うのです。そこで、リーダーの大濱さんが、実際にどのくらいにカロリーを制限されているのか、具体的な数字を聞いて、ホワイトボードに書き出して、さらに一般の入院食と比べて、制限されているカロリーがどのくらいのものなのかということも細かく話を聴き出して、「それはきついよね」ということを、みなさんが共有されていたというのも、アセスメントして非常に大事なことだったと思います。

しかも、自動販売機の役を他のメンバーさんにやってもらって、「私はジュースよ。飲んでちょうだい。おいしいわよ」というふうに誘惑のセリフを言ってもらっていた。

T　自動思考を外在化する

これがまさに、沖田さんの頭のなかで起きている自動思考と呼ばれるものだと思います。「ジュースを飲みたい、飲ん

でしまいそうだ」という自動思考が出たときに、「でも、飲んではいけない」という場面があって、どうやってジュースを飲まない方向に頭のなかを整えるかというのがまさに認知再構成法なのですが、それが自然な形で、「どんな声が聞こえるとジュースを飲まないという良い方向に持っていけるのかな？」という語りかけがなされていて、すごく自然な形で、認知再構成法がSSTのなかで行われているのが拝見できたと思いました。

だた、一つだけ残念だと思われたのは、「どんな声が聞こえるといいかな」というときに、最終的には「入院長びくよ」「子どもに会えないよ」という声が新しい認知を出して、そして、ジュースから遠ざかるという話になっていったかと思うのですが、「入院長びくよ」とか、「子どもに会えなくなるよ」というのは、ちょっと脅しに近いような認知だと思うのです。

もちろん、入院が長びくからジュースを飲むのはやめておこうということで飲まなくなるというのも、認知再構成法としてありだとは思うのですけれども、せっかくなら「ジュース飲みたいよね。でもジュースをウーロン茶にしても会いたい子どもがいるんだよね」とか、「早く退院して、会いたい子どもがいるってステキなことだよね」という感じで、もう少しポジティブというか、脅すのではなく、優しく励ますような形で新しい認知が設定されると、なお良かったかなと思いました。

●インタビュー（向谷地生良さん）

T　食べてしまうことを受け入れないと希望的な意見が生まれてこない

入院が長びくよとか、子どもに会えなくなるよという、そういうふうな情報を出すと、「じゃあ、やめておこう」というふうに、一見なるかのような受け止め方をする。それはなぜかというと、場というか、一緒のSSTに参加しているみんなのなかに、「この人は一生懸命やってきた人なのだ」「この人は、一生懸命に自分を助けたいと思っている人なのだ」「この人は、子どもも大事だし、自分の健康も大事だし、それをいちばん願っている人なのだ」という肯定感をみんなで分ち合うと、そこから出てくる対処方法にしても、練習課題にしても、おのずと希望志向に変わっていくのだと思うのです。

T　よくやってきたねというスタートラインが大切

ですから、その前提となる「よくやってきたね」というスタートラインの、その思いを共有することが、あとあと、みんなのフィードバックですとか、いろいろな練習課題に反映してくる。

N　**無事に退院できた沖田さんですが、まだまだ食べ物の悩みは続いていて、衝動買いが怖くて、買い物に行けずにいました。**

●2007年2月7日 SSTひまわりの会

大濱　売り場では、どんな商品が、沖田さんを呼んでいますか？

沖田　ケーキとかのすぐ食べれるもの。惣菜類とか、脂っこいもの。

今村　ケーキが、「買って」とか、「食べて」とか、誘って。それではいきますよ。ここはコンビニです。はい！

●スタッフの振り返りミーティング

N　**毎週水曜日に行われている「SSTひまわりの会」の後に、スタッフの振り返りミーティングが開かれています。**

今村　個人的には、「あんな感じかい？こんな感じかい？」とやりたいんだけど、それにブレーキをかけている。

N　**振り返りミーティングでは、スタッフ同士で、お互いに良いところを発表しあっています。**

亀谷（看護師）　人に合わせてやっていて、持っていくいき方がスムーズだなぁ〜と思って……。

●インタビュー（大濱伸昭さん）

大事にしているのは、SSTをやっている僕らもSST的なやり方をやろうということで、SSTの終わった後に、リーダーの良かったところ、コリーダーの良かったところを、ちゃんとフィードバックしています。

N　**良いところに注目するだけでなく、スタッフ自身のスキルアップも心掛けています。**

●インタビュー（向谷地生良さん）

サポートする力というのが、どうしても必要になってくる。私たちが運転できないものを、当事者に運転を勧めるというのは片手落ちです。ですから私たちもSSTを練習して、浦河ではそれをPSTとして、プロフェッショナル・スキルズ・トレーニング（Professional Skills Training）といっています。私たちが練習することによって、当事者も練習が可能になるということです。

V　横浜市鶴見区での講演［2007.2.10］

［01.14.05］

●鶴見講演会会場

N　**べてるの家のメンバー早坂潔さんと河崎寛さんと清水里香さんは、横浜市鶴見区へ講演に出掛けました。**

早坂　……人間関係だし、自分だし。僕たちの病気って、人のせいにすれば楽かもしれないけど……。

N　**早坂潔さんは、SSTでの練習を生かして、自分の苦労について、具体的に語ることができました。**

早坂　いま、僕も壁があったり、おもしろくなくなったときは、外に行ったり……。

N　**清水里香さんが、SOSのサインを説明して、自分の苦労について話すことにしました。**

向谷地（生）　里香さんが抱えている苦労を再現してみましょうかね。

清水　はい。向谷地さんがほんとうの私の気持ち。後ろです。お客さんは、私の前にいるんです（笑）。

T　マイナスのお客さんが言ってくるのは、他人をけなすひどい言葉

そのことを直接伝えたら相手は傷つくし、イヤだから、こんな感じで、「来てる！ 来てる！」っていうふうに。

向谷地（生）　サインね？　いま、ちょっとサトラレが来て、苦労してますという。

清水　そう。そうすると、仲間が……。

向谷地(生)　これがサインね？

清水　そう。コンコンって。そうすると、潔くんがいつもみたく、「コンコン。ああ、わかったよ」って返事をくれる。

向谷地(生)　河崎くん、もう一回やってくれる。

河崎さん　潔さん、いやな奴だよ。

清水　ごめん、いまサトラレ来てるわ。コンコン。

早坂　わかったよ。コンコン。

(拍手)

向谷地(生)　いままで、サトラレが来たときには、「とんでもないことが起きている。どうしよう、どうしよう」と言って、いっぱいいっぱいになって、一生懸命我慢して落ち込んでいたものを、正直に「起きてる」「ちょっと苦労が来ているよ」と伝えたら、ピッピッとテレパシーのように情報が伝わるわけですよね。すると向こうから、「OK。了解しているよ」というサインが来るわけですよね。

●控え室の清水里香さん

T　電車に乗っているときにマイナスのお客さんがやってきた

清水　やった。きのう、潔くんに。

(やった？　そしたら潔さんは？)

清水　コンコン、おお、おおと……。

早坂　来たから、こうやった。不安そうな目付きだったもんね。

清水　マイナスのお客さんがどうでもよくなった。

●インタビュー（大濱伸昭さん）

みんなのまわりで「やっていたよ」と、しっかり証明してくれる仲間が居るというのは、一人でがんばるのと全然違って……いいですよね。

清水　コンコンとやったら、コンコンって返事してもらえれば。「コンコン。わかったよー」って……。

●クレジット

監修　伊藤絵美＋向谷地生良
撮影・編集　森田惠子
撮影協力　向谷地宣明　番園寛也
　株式会社 McMedian
　浦河べてるの家の皆さん
企画・制作・著作　株式会社 医学書院

付録　[01.17.25]

付録

「べてるの家」訪問レポート

その1

［03.8.25〜26］

伊藤絵美

1　私が「べてるの家」に関心を抱いた理由

●(1)……「べてるの家」関連の新聞記事、本などを通じて、当事者グループによる自助活動と、それを側面から支援する医療福祉従事者の活動とが、ダイナミックに相互作用している印象を受けたため。さらに地域（コミュニティ）と「べてるの家」との間でも同様の相互作用が起きており、それらが非常に機能しているという印象を受けたため。今後のヒューマンサービスのあり方の一つのモデル、具体例として、参考になるのではないかと考えた。

●(2)……上記（1）の当事者活動、および援助活動が、認知行動療法と非常にマッチしている印象を受けたため。実際に当事者は、自分達のSSTやミーティングを認知行動療法の一環であると認識しており、それが、治療の一環ではなく、当事者活動のなかから自然発生的に生まれ、当事者がその効果を認識しているという点に感銘を受けた。

【例1】当事者間、援助者間、および当事者-援助者間で実践されているコミュニケーション自体が、認知行動療法における重要なファクターである“協同的実証主義”“問題の外在化”“自助の援助”“誘導による発見”“ソクラテス式質問法”“適応的な代替思考の発見”といった視点から行われている。

【例2】自分たちを日々支える活動として、SSTを非常に重視し、日常的に実践している（医療ではなく生活の場で）。

【例3】「べてるの家」の自助グループの一つに「しあわせ研究所（自己研究）」という部門があるが、そこでは、自分の制御困難な衝動的感情や、幻聴さん（べてるでは「幻聴」を「さん付け」で呼ぶ慣習がある）とうまくつきあっていくために、自分の問題、症状について自ら「研究」（モニタリング、つきあい方の工夫の発見）し、発表するという活動が行われている。そして研究活動を通じて、当事者の柔軟なセルフマネジメントが可能になる、という成果を上げている。この自己研究のプロセスは、認知行動療法において、患者が治療者の援助により、自分の生理・心理・社会的パターンを把握し、それを修正していく過程と同様であると思われる。特に統合失調症の幻聴への対処については、べてるの活動と認知行動療法の方法論は、かなり通じるものがあるように思われる。

なお彼らの自己研究については、『精神看護』というジャーナルにて現在連載されているらしい［編集部注：2001年11月〜2007年1月まで同誌で連載。その内容は、『べてるの家の「非」援助論』『べてるの家の「当事者研究」』（ともに医学書院）、『安心して絶望できる人生』（NHK出版）などに収載されている］。

2 「べてるの家」の見学まで

●「べてるの家」のWebサイトにアクセスして、見学希望であることを告げ、書類一式を郵送していただいた。

その内容……見学申込み用紙。週間スケジュール表。昼食のご案内。バス、JRの時刻表。べてるまでの交通機関、浦河での宿泊施設についての案内書。「べてるの住む浦河マップ」（イラスト付きでかなりおもしろい）。

●「べてるの家」に直接電話をして、8月25、26日に見学が可能であることを確認後、申込用紙に記入し、ファクスを送った。申込用紙には、住所、氏名などの他、職種、見学の目的、見学を希望するプログラム等について記載する欄があった。ちなみに、私が見学を希望したプログラムは以下の通り（プログラム名と説明は週間スケジュール表より抜粋）。

（1）25日(月)13:30〜　勉聴会（浦河赤十字病院にて。幻聴さんとうまくつき合っていくための勉強会）。

(2) 25日(月)17:30〜　日本語会話勉強会(浦河赤十字病院にて。10回のステッププログラム。認知行動療法。マイナスに陥りやすい思考をプラスに変えていく練習)。

(3) 26日(火)13:30〜　不調部長会議(各部門の部長会議。べてるでは体調が悪くても部長になれる。安心してさぼれる会社がモットー。部長が不調でも仕事は進む)。

(4) 26日(火)14:00〜　火曜会(浦河赤十字病院にて。医師、看護師、薬剤師が服薬やいろんな相談にのったり、勉強会をしたりする)。

* 26日(火)18:30〜の浦河赤十字病院にてのSA(スキゾフレニクスアノニマス…統合失調症患者の匿名の会。8つのステップに沿って自分を語る。原則は言いっ放し。聞きっ放し)もぜひ見学したかったが、第1、3、5週は公開で、第2、4は非公開ということで、26日は第4火曜日なので、残念だが申込みはせず。

* 日程が合えば、ぜひ見学したかった他のプログラムの例

AD…アディクション。自傷行為をしてしまった人たちの自助グループ。SSTや話し合いを行い、自分を語る。

SST…ソーシャルスキルトレーニング。人間関係の練習。生活の中で困ったことをロールプレイで練習し、みんなの応援をもらう。

爆発ミーティング…爆発系(家庭内暴力)の人たちが集まって、爆発のメカニズムを自己研究する。爆発しそうなメンバーに対し、救援隊を組織する。非公開の場合あり。

●なお、以下にある通り、週間スケジュールは頻繁に変更されるため、実際は申込みとはまったく異なるプログラムを見学した。また今回は、私用も兼ねて北海道に行ったため、べてるには私の母親が同行している。

3　第1日目:8/25月曜日

●交通事情により浦河への到着が遅れ、13:30からのプログラム見学ができなかった。遅れる旨は当日の朝、あらかじめ先方にはご連絡した。

●14:00ごろ浦河に到着。浦河マップの「ニューべてるの家」に最初に来るようにと書かれてあったので、そのようにする。担当の方が来るまで、ニューべてるの家での授産施設（これまでは小規模作業所であったが、03年7月より小規模授産へと変更したとのこと）での仕事風景（昆布商品の袋詰め作業）を見学した。非常に活気のある印象を受けた。

●施設長および見学案内担当者の方がみえ、挨拶と説明を受ける。この2人は当事者である。資料をいただき、「べてるの家」について丁寧にご説明いただく。スケジュールは頻繁に変更されるため、私が申し込んだプログラムは、ほとんど見学できないとのこと。特に楽しみにしていた日本語会話勉強会は、曜日が変わり、非公開となってしまったため見学不可とのこと。べてるの家の認知行動療法に関心があることをお話しすると、翌日の午前中のSSTであれば見学可能であるとのことで、それに申し込む。ほかにも見学するプログラムを一緒に検討していただき、スケジュールを決めた。

●説明とスケジュール決めが終わった後、以下の3点を伊藤から質問し、回答をいただいた。

(Q) 年間見学者数は？

(A) 当事者、家族、専門家を合わせて年間2000人の見学者がある。しかし2003年は確実に3000人を超えると思われる。有名になったぶん、見学者増加に伴う対応が大変で、特に事前に申込みをせずいきなり来所する人がいるので困ることもある。

(Q) べてるの活動に参加したい方の受け入れは？

(A) 全国から患者、回復途上者からの問合せや参加希望が絶えないが、住居が確保しづらいので、ほとんどの方の希望を泣く泣く断っている状況である（当事者自らがアパートなど住居を確保すれば、参加や通所は可能らしい。グループホームや共同住居が満員なので住居付き参加が難しい、とのことらしい）。浦河に来たからといって病気が治るわけではないが、そう思っての問合せが多い。

(Q) 見学にあたっての注意点は？

(A) 特にない。写真撮影も、当事者がOKと言えばOKである。

●以上のオリエンテーション終了後、担当者のIさんが我々のレンタカーに同乗し、別の場所にある「旧べてるの家・グループホームべてる」と「四丁目ぶらぶらざ（ショップ、溜まり場、グループホーム等のための多機能的建物）」をIさんに案内していただいた。

■見学：「グループホームべてる」での当事者ミーティング　17:00〜

➡時間どおり17:00に訪問したが、「17:30以降でないと始まらないよ」と言われて、30分後に出直す（これを「べてる時間」と言うらしい。翌日思い知らされた）。

➡10名程度のミーティングで、ボランティアの方が1名入っていた。17:40ごろ、グループホームの居間のテーブル周りに10名ほどのメンバーが集まり、「今日は俺が司会をやる」とある男性が司会を始め、ミーティングが開始された。まずは司会者が参加者に「○○さん、元気ですか？」と一人ひとりに声をかける（私は見学者として気楽に見ていたが、突然「はい、そこの見学者の方、元気ですか？」と呼びかけられ、驚いてしまった。その後自己紹介をする機会もいただいた）。なお、すでにべてる関係の本の写真等で顔を見知っていた、“佐々木社長”“早坂潔さん”“服部洋子さん”などが出席されており、私はミーハー気分ですっかり喜んでしまった（そういう見学者が結構いるらしい。サインや記念撮影を求める人もいるらしい）。

➡その後、話し合いたいテーマ（これをべてるでは「苦労」と言い、ミーティング等で、苦労を皆に語ることが奨励されている）を持っている人が、それを話し、その苦労についてのフリーディスカッションが繰り返された（話題の例：佐々木社長が飼っている犬の散歩を、週に1日ずつでもいいから、皆に分担してほしい。洋子さんの部屋の掃除を皆ですることについて。洋子さんが溜めに溜めた洋服の処分について。新しいごみ箱について。ホームヘルプで来てくれるヘルパーさんとのつきあい方について。食事会のメニューについて……etc）。

すぐに皆が意見を出してまとまるものもあれば、なかなかまとまらないものもあったが、皆さん自分の意見をストレートに話し、他人の意見をそのまま受容しながら聞く、というコミュニケーションに非常に慣れているように思われた。またヘルパーさんのシフトについて、「運営者に皆の要望を出してみよう」という案が出て、承認されたのが印象深かった（1人のヘルパーが1機関に毎日行くのではなく、複数のヘルパーが持ち回りで複数の機関に行けば、いろいろなヘルパーとつきあえてうれしい、という理由から要望を出すとのことであった)。

→1時間ほど経ったところで、司会者が「では今日はもういいでしょう」と閉会にしようとしたところ、佐々木社長が、「ちょっと待って。犬の散歩の話が終わっていない。こうやって話すだけでもいいけど、犬のことについては今日結論を出したい」と発案し、その後、「犬にかじられたことがあるから嫌だ」「そうだね、犬を嫌いな人もいる」「みんなの犬、べてるの犬として皆で面倒をみるべきだ」「作業所の人たちにも助けを求めてみよう」「自分は週に一度なら、散歩に連れて行ってもいいよ」などなどの意見が出た。

結論としては、「作業所のミーティングで、犬の散歩に協力してくれる人を求め、その人たちと、グループホームべてるの人たちとで散歩の当番を決め、交替する」といった結論が出た。「そうしてくれると本当に助かる」と佐々木さんが発言し、お開きとなった。このように対処法を案出したい話題には、意見を出し合ってとりあえずの具体的対処法を考え出す、というミーティングのやり方も、皆さんが普通にやっていることであるように思われた。「語り合うことに慣れている」という印象である。

4　第2日目：8/26 火曜日

●昨日立てたスケジュールでは、11：00から四丁目ぶらぶらざでのSSTを見学することになっていたので時間どおり、ぶらぶらざに到着する。が、しばらくして、SSTは14：30からに変更になったと告げられる。代わりに、「ニューべてる」での仕事やミーティングを見学することもできるし、浦河赤十字病院でのデイケアも見学できると教えていただいたので、病院に移動し、デイケアを見学させていただく。

■見学：浦河赤十字病院の大規模精神科デイケア　12：00〜

→残念ながら昼食に入ってしまったのでデイケアのプログラム自体は見学できなかったが、デイケアルームの中に入り、展示物などを見せていただいた。

➡日赤のデイケアは2002年10月に開設されたとのこと。日赤の病棟、デイケア、外来、およびべてるでの諸活動により、当事者は調子が悪くても、回復途上時でも、連続したケアや活動参加が可能であることがよく理解できた。

➡デイケア内部にも、メンバーが自主的にグループを作り、参加者を募るという形式のポスターが複数貼られていた。それだけなら普通のデイケアでも見られることだが、おもしろかったのが、「爆発系」なるグループがあり、そこでは爆発しそうな人（今にも家庭内暴力を起こしそうなど）が毎週火曜日に浦河の海岸で"叫び声を上げる"という活動を行っており、そのメンバーを募るというポスターであった。参加希望者欄には、数名の名前が書き込まれていた。

●午後、13:30から生活支援ミーティングというプログラムを見学するためにぶらぶらざに戻り、14:00過ぎまで待つも、「場所が急遽ニューべてるに変更になった」と知らされ、14:30からのSSTを見学したかった私たちは、生活支援ミーティングをパスしてそのまま待たせていただくことにする。その間、店番をしていた林園子さんという当事者の方（統合失調症とのこと）とずっとおしゃべりをした（彼女は『精神看護』（vol.6 no.3, May 2003）にて、当事者研究者として自分の幻聴についての文章をご自分の写真とともに発表している［編集部注：その後『べてるの家の「当事者研究」』に転載］。したがってここでもお名前を記載する。ちなみにその文章のタイトルは「幻聴さんにジャックされる人、されない人の研究」というもので、文章のコピーをいただいたが、非常に興味深い内容であった）。

●林さんは昨年7月に名古屋から浦河に来たとのこと。名古屋で通院し、授産施設に通っていたが、ひょんなことからべてるを知り、ご両親と見学し、ご自分で浦河での住居を借り、浦河の赤十字病院に通院しながら、べてるでの仕事（ぶらぶらざの店番、エコ豚（とん）クラブでの豚の世話など）をしているということ。「浦河に来て、毎日仲間と話したり仕事をしたりすることができ、本当に幸せ」「名古屋では薬で毎日ボーっとしつつ、病気になった自分を責めていたが、浦河では薬を減らし、自分の病気について考え、幻聴さんとのつきあい方を身に付けることができ、かなり楽になった」「名古屋で元気でいるよりも、浦河で病気でいるほうが、自分には幸せ」といったことを話してくれた。

また幻聴さんとのつきあい方のコツ（「幻聴さん、今日は私も疲れているので、幻聴さんもお帰りください、お願いします」と声に出して20回以上言うと、幻聴さんが消えてくれる。その際、声に出すことと、「お願いします」と言うのがポイントである）や、幻聴さんにそそのかされて他人に対してくどくなってしまうという“症状”（「くどくなる病気」とご本人は言っていた。それを“くどう・くどき君”というキャラクターにして、くどう・くどき君のマスコットバッジを彼女は胸につけていた）について、話してくれた。こうやって私たちのような見学者と話をすることも、彼女にとっては励みになるそうである。

■見学：「四丁目ぶらぶらざ」でのSST　17：00～

➡14：30からのSSTが、別の場所でのミーティング延長のため、かなり時間が延びて、結局17：00に開始となる。私たちが待っていることに対して、何人ものメンバーさんやボランティアさんに謝罪の言葉をいただき、かえって恐縮してしまった。

➡SST開始（10名弱のメンバーが参加。これは少ないほうであるとのこと）。私も母も、「見学者」ではなく、「参加者」として入れていただくことになった。ほかにも、北海道医療大学からの実習生が参加していた。

➡ファシリテーターは向谷地悦子さん（向谷地生良さんの配偶者で、元浦河赤十字病院のナース。べてるの家の活動が忙しくなり、べてる専従となった）。てきぱきとテンポよくプログラムを進めていかれた。なおミーティング室の壁には、SSTについての3枚の大きなポスターが貼られていた。それを次頁に示す。

➡私たちを含めべてるのSSTに初参加の人が複数いたため、簡単に自己紹介する。その際、悦子さんに、「メンバーへの質問を一つ下さい」と突然言われ、一瞬うろたえたが、昨日から思っていたこと、すなわち“べてるの家やそのメンバーさんについては、今回の見学の前に、本やビデオなどで知っていることが多い。年間2000人以上という見学者にもそういう人が多いと思う。直接会う前に、そのような形で多くの人に知られている、ということについてどう思うか？”ということを質問さ

練習の順序	SST参加のルール	よいコミュニケーション
❶練習をすることをきめる ❷場面をつくって、1回目の練習をする ❸よいところをほめる ❹さらによくする点を考える ❺必要ならば、お手本をみる ❻もう一度練習をする ❼よいところをほめる ❽チャレンジしてみる課題をきめる（宿題） ❾実際の場面で実行してみる ❿次回に結果を発表する	❶見学はいつでもできます ❷いやな時は「パス」できます ❸人のよいところをほめましょう ❹よい練習ができるように他の人を助けましょう ❺質問はいつでもどうぞ ❻トイレにはちょっとことわってから	❶視線を合わせる ❷手を使って表現する ❸身を乗り出して話をする ❹はっきりと大きな声で ❺明るい表情 ❻話の内容が適切

せていただいた。メンバーさんは自己紹介のときに、私からのこの質問に対しても一人ひとり回答してくださった。

皆さん、共通していたのが、「精神障害者としてべてるの家で活動している自分が、有名になるのはうれしい。嫌なことではない」という意見であった。メンバーのおひとりである清水里香さんが、「皆がここに来て、初対面なのに、“里香さん”と呼んでくれるのはうれしい。だけど、皆が知っているのはビデオに写っている3年前のまだひきこもっていたころの私。この1年で私もだいぶ動けるようになった。その今の私も見てほしい」と言っていたのが印象的であった（現在清水さんは、小規模授産施設の部長に就任しておられる）。

以下、セッションの内容について具体的に述べる。

→SSTの流れは、次頁のポスター通りに進められ、皆さんSSTのルールや構造に慣れている様子で、スムースに進められた。このようにメンバーさんが日々実施されるSSTを通じて慣れているということもあろうが、ファシリテーターの悦子さんの進め方が実に生き生きとかつてきぱきとしており、1回のSSTを最大限にメンバーのために活用するという意思と技術が見ていてよく理解された。それはたとえば、メンバーの一つひとつの発言に対する拍手をすかさず出したり、メンバーのロールプレイには手をパンと叩いてわかりやすくキュー出ししたり、ロールプレイをするメンバーに的確な立ち位置を指示したり、必ずメンバーの背後に回ってメンバーの肩を抱いてコメントやアドバイスを出したり、といった一つひとつの言動から見て取れた。

➡実際には以下の順番でプログラムが進められた。

（1）開会の挨拶（悦子さんが挨拶を行うメンバーを指名）。

（2）何らかの「苦労」を抱えており、このSSTを通じて何かを練習したい人を募る。

（3）立候補者に、どんな「苦労」を抱えているのかを話してもらう。

（4）それを悦子さんがある具体的場面に落とし込み、その場面でのコミュニケーションを練習するようにとの指示を出す。

（5）ロールプレイの内容と課題を具体的に決め、協力者（共演者）を指名する。

（6）1度目のロールプレイを実演してもらう。

（7）1度目のロールプレイにおける「良かったこと」を参加者に発言させる。

（8）1度目のロールプレイに対する「アドバイス」を参加者に発言させ、実演者の感想を訊く。

（9）ファシリテーター（悦子さん）が再度課題を提案し、2度目のロールプレイを実演してもらう。

（10）2度目のロールプレイにおける「良かったこと」を参加者に発言させる。

（11）2度目のロールプレイに対する「アドバイス」を参加者に発言させ、実演者の感想を訊く。

（12）別の実演者の立候補を募る。→私が参加した日は、3名の実演者が練習を行った。

（13）閉会の挨拶（悦子さんが挨拶を行うメンバーを指名）。

➡最初の実演者（林園子さん）の練習の模様を以下に紹介する。

（1）林さんは、先日のべてるの家での礼拝のとき（べてるの家は教会にある）、持病の「くどくなる病気」が出てしまい、主治医の川村先生に対して非常にくどくなってしまった。このことをいまだに気にしていることが現在の「苦労」であると話した。また本日林さんがぶらぶらざの店番をしているとき、某メンバーが立ち寄りほとんど話をせずに立ち去ったことが気になった林さんが、彼を追いかけて何か用があったのかと訊いたことについて、「またくどくなってしまった」と気に病んでいるということも話された。

(2) ファシリテーターの悦子さんが、「次の診察時に、自分の“くどくなる病気”について、どのように川村先生に話をするか」という場面を練習してみたらどうかと提案し、林さんもそれに同意した。

(3) 実習の学生さんが川村先生役、悦子さんが看護師役とすることにし、1度目のロールプレイ開始。

(4)【ロールプレイ♯1】診察時に林さんは川村先生に、先日の礼拝時にくどくなったことについて謝罪し、自分がくどくなったのは、“最近疲れている”“お腹が空いていた”“最近、一人で寂しく、暇な時間が多い”“ヨーグルトを食べていない”(林さんは最近、ご自分と、“くどう・くどき君”がヨーグルト好きであることに気づき、ヨーグルトを食べると、“くどくなる病気”が出にくくなることを発見していた)など、複数の理由があることを話した。さらに、くどくなる病気は出るが、ご自分が浦河に来て、先生や仲間と出会えとても幸せであること、これからも浦河で前向きにやっていきたいということを話し、ロールプレイは終了した。(終了時に大きな拍手)

(5) 1度目のロールプレイに対して、「良かった点は？」と悦子さんが言うと、次々と手が上がり、「くどくなった理由がわかりやすく説明されていた」「前向きな話で終わって良かった」などといった意見が出た。意見が出るたびに拍手。

(6)「さらに良くする点は？」と悦子さんが皆にアドバイスを求めると、あるメンバーが「もう少しシャレがあるほうがいい」と発言した。それにも拍手。

(7) 悦子さんがそれを受けて、「くどくなる病気はこれからも出るのでしょ？」と林さんに確認し、「それだったらくどくなることを謝るだけでなく、“これからもくどくなることがあるからよろしく”と、先生にも挨拶しておいたらいいんじゃないかしら」と提案し、林さんもそれを受け入れる。また診察時に主治医に話しておくべき別の話題を提案し、それを含めて2度目のロールプレイを行うことにする。

(8)【ロールプレイ＃2】皆のアドバイスを受けて、再度、次の診察時のやりとりをロールプレイで練習する。林さんは、「これからもくどくなる時があるかと思いますが、どうぞこの“くどう・くどき”もよろしくお願いします」と言って“くどう・くどき君”人形を先生に見せ、人形と一緒にぺこりと先生に頭を下げた。それが実にユーモラスで、グループからは笑いが出ていた。さらに悦子さんに提案された別の報告事項も林さんは簡潔に先生に伝えることができていた。(終了時に大きな拍手)

(9)「良かった点は？」「さらに良くする点は？」という悦子さんの質問に対し、褒め言葉がいくつか出された。非常に場が和んでいる。

(10) 悦子さんは林さんの背後から、彼女の肩を抱き、非常によくロールプレイができたこと、次の診察でぜひ今日の練習を活かしてほしいこと、その結果をまた皆に伝えてほしいことを彼女に話し、林さんの練習は終了となった。林さんご自身が、練習前と練習後に表情が変わり、かつ非常に楽しそうであったのが印象的であった。

➡以上の流れで、残りの2名の方も練習を実施した。どれも実演者の「苦労」を聞き出し、それを適切な場面練習へと設定し直し、皆の褒め言葉やアドバイスによって、より実践的で現実的な課題が出て、それらを実演者の宿題につなげる、という流れは共通していた。グループのなかには、非常に温かく、かつユーモラスな雰囲気が漂っていた。

5　訪問・見学を終えての感想

●「べてるの家」という共同体（コミュニティ）が、浦河赤十字病院の病棟、外来、デイケア、ソーシャルワークという医療福祉領域での治療や援助、授産施設、諸事業における活動、グループホームや共同住居など地域生活面、ミーティングなどの自助活動、などの諸活動が複合的有機的に、実にダイナミックに運営されていることが、実際の活動場面にほんのわずかではあるが参加させていただいて、実感としてよく理解できた。たとえば私が都内のデイケアで精神障害者のリハビリテーションに関与していたころは、患者さんが寛解期に入り、デイケアでのリハビリが順調でも、その後のいわゆる“社会復帰”までの見通しがなかなか立たないことが多く、患者さんとともに試行錯誤することが多くあったが、べてるの場合、急性期医療から地域での自立生活までの社会資源が連続的に提供されており、当事者がどのような状態になっても孤立することなく、地域で対応できるようになっている、ということがすばらしいと思った。

●「三度の飯よりミーティング」というキャッチフレーズにある通り、ミーティングすなわち「当事者が自分の“苦労”を自ら発言し、皆でそれを受け入れ、支える」というコミュニケーション、対人関係のあり方が、ごく当たり前のように日々行われているらしい。このことが、ミーティングへの参加や当事者との対話により、非常によく理解できた。このような土台を築き、維持するには大変な苦労があることと思うが、林園子さんが病気の苦労を語ると同時に「浦河に来て幸せ」と話してくださった背景には、このような自由で安心できるコミュニケーションがあるのだと思われる。当事者による自助活動がよく機能しているのに感心させられたが、それはこのようなコミュニケーションが土台となっているのだと思われる。

●SSTが日常的に有効実践されていること、さらに当事者がSSTを「役にたっておもしろいもの」として楽しみにしていること、が──これも本にも書かれてはいたが──実際に参加させていただいてよくわかった。認知行動療法の構造化されたセッションがうまくいくときと同様、向谷地悦子さんが司会をしたSSTのセッションは的確に構造化されており、かつその構造が当事者の援助にうまく活用されていたことが非常に印象的であった。SSTだけでなく、たとえば統合失調症の方々の当事者研究など、べてるの家の活動には認知行動療法に共通することが多く、当事者のそのような活動を我々専門家がさらに学ばせていただき、交流する機会を増やすことが、今後さらにできるとよいと思った（私がこのように言うまでもなく、当事者の方々は各地の学会、勉強会、講演会に呼ばれ、発言をしておられる。日本認知療法学会でも、何らかの企画を立ててもよいのではないかと考えた)。

●1980年代前半に当事者活動を開始し、その後約20年間でここまで来るには紆余曲折があったことだろう。ただし、関係者や当事者が語る通り、何か特別なことが行われたわけではないというのもまた事実なのだろう。全国の当事者が「べてるの家」に入所、参加したいと問合せが殺到しており、それに応えられずに困っているとの話をおうかがいしたが、やはり皆がべてるの家に押し寄せるのではなく、ここを一つのモデルと考え、同様の活動を、各地域で実践するのが必要であると痛感した。それには公的な援助が必要かもしれないが、まずは現場の当事者および援助者が「べてるの家」のような先駆的モデルを励みにしながら、自分達で地道に活動することが何よりも必要なことと思われる。

私自身、今後どのようにこのような活動に携わるのか、現在はまったく未定であるが、貴重な経験をさせていただいた者として、「べてるの家」のことを周囲に伝え、できることをできる範囲でしていくこと、そしてその「できること」「できる範囲」を徐々に広げていくことが何よりも重要だと考えた。今回このような貴重な経験をする機会をいただいたことを、心から感謝したい。

「べてるの家」訪問レポート

その2

［05.9.27〜29］

伊藤絵美

1　今回の訪問の概要

▶年月日：2005年9月27日(火)〜29日(木)

▶訪問者：伊藤絵美・山本真規子（洗足ストレスコーピング・サポートオフィス）

▶経緯：さまざまな理由により浦河べてるの家（以下「べてる」と記載）に興味のあった伊藤は、2003年8月に初めてべてるを訪ね、予想以上に豊かな活動が実現されていることに非常に感銘を受けた。2004年6月には、べてる祭りにも参加し、「当事者研究」がさらに盛んに行われるようになっていることを知り、「当事者研究」の研究を実施したいと考えるようになる。また2004年4月に当機関（洗足ストレスコーピング・サポートオフィス）を開業した際、べてるについて調査研究をするための「べてるプロジェクト」を発足し、現在当機関の5人のスタッフが当プロジェクトのメンバーである。今回の同行者の山本真規子もその1人であり、今年（2005年）の2月と6月に2度べてるを訪問している。伊藤は、認知行動療法をさらに豊かなものへと展開するために、べてるの「当事者研究」が参考になるのではないかと考えていたが、2005年2月に医学書院より出版された『べてるの家の「当事者研究」』を読んで、その意を強くし、「当事者研究」の研究をすることを思い立った。この意思を、べてるの立ち上げから今に至るまでの中心人物であるソーシャルワーカーの向谷地生良さんに伝えたところ、「ぜひ共同研究しましょう」とご快諾いただき、今回は「当事者研究」の研究の立ち上げのあり方を探索するため、山本と2人でべてるを訪問することにした次第である。

▶今回の目的：べてるの当事者研究を初めとした諸活動を、心理学、特に広義の認知行動療法的視点から研究するために、実際に訪問し、活動に参加したり、当事者・関係者にインタビューしたりすることを通して、「当事者研究」の研究の計画化に役立てる。

【コメント】堅苦しく上に書きましたが、端的に言うと、べてるの当事者研究に私はワクワクしたのです。認知行動療法とは、クライアントがセラピストに一時的に手助けされながら、よりよく当事者研究を行い、研究の成果を自分の生活に活用できるようになるプロセスだと思いますが、その当事者研究がべてるでは、皆で助け合い、楽しみながら行われているのですから。うまくいっている認知行動療法は楽しいものです。その楽しさを共有するためのヒントが、べてるの当事者研究にあるに違いないと考え、今回の浦河行きを決めたのでした。

2　第1日目：9/27 火曜日

■向谷地さんらと昼食にていろいろと話す

●向谷地さん、当事者の山本賀代さん、松本寛君、および私たち2人、計5人で話をしながら昼食をとる。伊藤から今回の訪問の主旨を説明する。向谷地さんよりスケジュールについて説明していただく。

●認知行動療法が自然に使われているのに気づく。山本さんは「日本語会話教室」という題目の認知行動療法のグループに参加し、『自分を愛する10日間プログラム』というデビッド・バーンズの本に基づいて認知再構成法を練習したことについて話してくれた。「最初はとても良かったが、あの本の通りにやると、あまりにも自己中心的になりそうで嫌になった」とのことであった。松本君が、“ある人物に心の中で悪態をついた直後、その人物が事件を起こし、当初はそれを「自分のせいだ」と自己関連づけして考え、罪悪感を抱いたのだが、「自分が心の中で思ったことと、そいつのすることは別。事件を起こしたのはそいつであって、自分ではない」と考え直した”というエピソードを話してくれた。それがまさに「上手な一人認知行動療法だ」ということで、皆で納得する。

●向谷地さんが、後で当事者研究のセッションをしてくれるとのことで、その主役である千高のぞみさんという当事者について簡単に教えてくれた。千高さんは、べてる流の幻聴とのつきあい方である“「幻聴さん」に「お引取りください」とお願いする”というコーピングが、うまくいかないことがあるそうで、そういうときに向谷地さんに電話をし、向谷地さんが代わりに千高さんの幻聴さんにお願いすると、聞き入れてくれるのだそうだ。しかし向谷地さん以外の誰かが代わりにお願いしても聞き入れてくれはしないそうで、そこには千高さんと向谷地さんとの信頼関係が前提にある、といった主旨のことを話してくださった。

●向谷地さんはSSTを開始して数年経つが、この2〜3年、特に「幻聴さんにお願いする」というコーピングに手応えを感じてきたとのことである。ある研究者が統合失調症の患者さんたちの幻聴に対するコーピングをリスト化したものを見たところ、「気晴らしをする」といった幻聴から逃れるような消極的対処がほとんどで、べてるの「幻聴さんにお願いする」といったコーピングは含まれていなかったとのことである。

●向谷地さんは当事者研究についてこう語った。
：当事者研究は単なる方法論ではない。それは「語り」に始まり「語り」に終わるもので、それを皆で共有することが重要である。自分の苦労をリアルに語ることである。当事者研究のもとにあるのは「共感性」である。

●このようなお話もされていた。
：最近は医療機関がリスクヘッジのために、“デイケアの患者同士が自分の病気について語り合ってはいけない”というルールを設ける傾向が見られる。患者同士の語り合いを規制するというのは望ましくないことである。

●伊藤は、当機関で標準的に用いているアセスメントシート（p.40［図1-5］参照）を紹介し、これが当事者研究で役立つかどうか尋ねてみた。向谷地さんは、基本的に一人ひとりの苦労は違うものだから、決まったツールに書き込んでいくものではないものであるとおっしゃる一方、当ツールは役立つかもしれない、特に体感幻覚のある人にこのようなツールを使って外在化することは必要だろうということであった。ぜひツールを浦河赤十字病院の伊藤恵里子さん（ソーシャルワーカー）に渡していってほしいということであった。

【コメント】当事者研究が「共感性」に支えられているという向谷地さんのお話は印象的でした。私たちの認知行動療法も同様だと思います。また幻聴に対するコーピングが、研究上では消極的なものが多く、しかし向谷地さんの現場での経験から、「お願いする」といったべてる流のコーピングに手ごたえを感じているというお話はたいへん心強く感じました。このような現場発信のアイディアが、臨床研究の場合非常に重要だと思います。また当機関で認知行動療法におけるアセスメントの際に使っているツールを向谷地さんに見ていただいて「使えそう」と言っていただけたのが、個人的にはうれしかったです（しかし渡し損ねてしまった……）。それにしても毎回感心するのが、べてるの当事者の方々は、皆、語りが豊かだということです。「三度の飯よりミーティング」「手を動かすより口を動かせ」といったキャッチフレーズのもと、常日頃から皆で語る暮らしを送っているからでしょう。この語る力があってこその当事者研究だとあらためて思いました。

■午後(1)：四丁目ぶらぶらざにてミーティング&ミニ当事者研究に参加

●ぶらぶらざのメンバーの方々が、四丁目の商店街の方々とコミュニケーションを深めるための体験談や方法を各自、語っていた。アジェンダは、「自分がやったことの報告」「良かったこと」「苦労したこと」「さらに良くすること」の4点で、そのアジェンダに沿って、皆さんわかりやすく話をしていた。

●向谷地さんのご厚意により、上記の千高さんを主役に、「ミニ当事者研究」のセッションを設けていただいた。千高さんが「幻聴さん」について苦労を語り、それに対してメンバーが自分の体験に基づくコメントやアドバイスを提供していた。亀井さんが自分の体験を振り返り、「はじめは敵の幻聴さんが多かったけど、次第に味方の幻聴さんが増えてきた」と言うと、千高さんも、最近は「幻聴警察」と言って、嫌がらせをしてくる幻聴さんを取り締まってくれる幻聴さんが登場していることを語った。「幻聴さんによって苦労すればするほど友達が増える」という亀井さんの言葉が印象的だった。また、「千高さんは幻聴のことを詳しくわかりやすく伝えてくれるようになった」というどなたかのコメントがあり、そういったコメントが千高さんの「語り」を支えているのだと思った。

●さらに千高さんには、幻聴さんに背中を叩かれるという「体感幻覚」があるという話になった。向谷地さんが、自分の背中を千高さんに向け、「どんな感じか、実際に叩いてみて」と実演させた。ここで皆から出てきたアドバイスは、叩かれそうになったら、「ここ凝っているから、マッサージして」と幻聴さんにお願いし、むしろ自分に役立ててしまおうというものであった。

【コメント】各アドバイスの効果がどうのこうのというより、幻聴さんに困っている当事者がそのことを皆に伝え、皆が「そりゃあ大変だ」と当人の苦労をねぎらい、そのうえで「こういうふうにできるのでは」「ああいうやり方もあるのでは」とブレインストーミング風にアイディアを出す、というその場そのものが「協同的当事者研究」としてサポーティブに機能するのだというのがよくわかりました。「叩かれる」という体感幻覚を「マッサージ」にリフレームするというアイディアは聞いていてワクワクしました。

■午後(2)：四丁目ぶらぶらざにて「ぶらぶらSST」に参加

●リーダーは清水里香さん、コリーダーは伊藤知之さんという、すべて当事者がマネジメントするSSTだった。参加人数は我々見学者も入れて10名ほど。前回宿題を持ち帰った人から宿題の実施状況について報告を受け、その後、練習課題を持つ人が前に出て、ロールプレイするというスタンダードな構造だが、参加者がこの構造に慣れており、また練習者のパフォーマンスに対して皆が積極的に「良かったこと」「さらに良くすること」を発言するという活発で楽しいものであった。

●べてるでは「SST」という枠外でも、皆で気軽に「ねえ、SSTやろうよ」「SSTやりたいから相手になってよ」という土壌があることは聞いていたが、亀井さんは何と日常的に「一人SST」を実施して、役立てているとのことであった。なんとすばらしいことであろう。

【コメント】SSTであってもなくても、ロールプレイは、練習する場面の「切り取り」が重要ですが（認知行動療法における「認知再構成法」や「問題解決法」といった技法も同様です）、その切り取り方が非常に上手だと思いました。何気なく、自然に行われているSSTでしたが、その切り取りのスキルが習熟されているからこそ、スムースに、かつ効果的に実施されるのだろうと思いました。

■夕方(1)：浦河赤十字病院にて伊藤ソーシャルワーカーと話す

●伊藤恵里子さんは、前田ケイ先生のお弟子さんで、以前は東京でSSTを実施していたが、SSTと日常生活がつながらない状況で苦労されたとのことであった。その点べてるではSSTが生活と地続きで、メンバーがSSTを役に立つと知っており、そのような空気が流れているため、やりやすいしSSTの効果が発揮されやすいのだと話しておられた。

●SSTにせよ当事者研究にせよ、べてるには「ピアの力」がある、かしこまって行うのではなく非公式に、日常的に実施されるからこそよいのだ、というお話もあった。

●当事者研究について伊藤さんは次のように語った。
：ナラティブの考え方である「外在化」を行い、自分自身について研究することによって、自己客観化できるようになっていくプロセスである。原因を分析するためのものではない。当事者研究の結果、「こういう苦労をしてきたんだな」と当事者が自分を認め、許し、さらに仲間と認め合い、笑い合えるようになる。当事者研究では、まず肯定する。そしてさらに良くすることを考える。原因を特定して誰かを責めるようなことは決してない。

【コメント】「こういう苦労をしてきたんだね」と自分を許し、仲間と認め合うのが当事者研究なのだというお話に感銘を受けました。認知行動療法で実施するアセスメントも、このように機能すればクライアントの援助となるのでしょう。また、SST について、「メンバーがそれを役に立つと知っている」という空気が流れている、というのが、まさに重要なのだろうと思いました。そのような空気は空気だからこそ一朝一夕に形成されるものではなく、そこまでにもっていった歴史が前提としてあるわけで、そこを無視して「べてるの現在」だけに焦点化することは危険なのだと自戒しました。

■夕方(2)：浦河赤十字病院にて川村医師(精神科医)と話す

●川村敏明先生が2時間ぐらいかけてお話をしてくださった。メモをとったが語りのペースに追いつかず、断片的ではあるが川村先生の言葉を下に羅列してみる（録音すればよかったと後悔しきりである）。

◆今のままで笑えるにはどうしたらいいんだろう？ というのがべてるの発想。

◆ソーシャルワーカーのいい加減さと医者の寛大さがべてるを作った要因。

◆うまくいかないことの大事さ。

◆巷で言われる精神科医療の成功モデルそのものが違う。

◆「順調だよ」「苦労したことないの？」

◆べてるでは、皆で相談するしかない。

◆べてるにとって向谷地さんがいたことは大きい。

◆向谷地さんの言葉として、「悩みを増やしてあげたい」「絶望への支援」というのがある。向谷地さんの言葉は、頭をクリアにしてくれる。

◆「精神病っていいなあ」と思えるようになった。

◆べてるで共有されているのは、“落ちて笑う”ということの大切さ。「こういうときに笑わないと駄目」というのがある。その笑いは、鍛えられた笑いである。

◆べてるでは、目先のことばかりをやる。問題を掘り下げるようなことはしない。すごい解決策があるわけではないが、目先のことばかりやろうとすることで、「問題への出会い方」が変わった。どんな問題が来ても大丈夫になった。

◆日本の精神科医療では、そして日本の社会では、「病気さえ治れば」という妄想がある。

◆今のべてるでは、向谷地さんの価値（「降りていけばいい」「苦労しつづければいい」）が共有されている。

◆患者は病気のプロ。

◆人の複雑さを活かしたまま医療者は患者と接するのがよい。

◆医者は権力を持つから、患者は医者に本当のことを語ってくれない。本当のことは医者ではなく、ソーシャルワーカーに言ったりする。幻聴が生じても医者には伝えず、ワーカーに相談していたりする。川村先生も当初はそのことで向谷地さんにジェラシーを感じたこともあった。しかしなぜ患者が本当のことを医者ではなくワーカーに言うのか、ということを考えてみた。気づいたのは、権力をもつ人に本当のことを言うと損をするから言わないのだ（例：増薬される、拘束される）。

◆日本の精神医療は、「保護しすぎの医療」「やりすぎの医療」である。医療側に「できること」と「できないこと」を分ける必要がある。医療ができないことは、患者が自分で考えればいい。たとえばべてるの当事者は、退院時に「再発予定表」を作成したりする。

◆川村先生の問い。

：「浦河で精神病になって幸せ」と言ってもらうためにはどうすればいいか」

◆「苦労に近づく」

◆医者は、優秀で魅力あるコメディカルがいると嫌なもの。川村先生の前任者に向谷地さんは嫌われていた。が、川村先生は向谷地さんがいておもしろかった。しかし川村先生自身も実は向谷地さんと同様に嫌われていたらしい。後になってそのことを知った。

◆向谷地さんも、川村先生も二人とも、「人間としての底力」がある。特に向谷地さんはそういう人だった。彼はそういう役割を与えられている人だったのだ。

◆川村先生は「治せない医者」だから、患者と相談し、ワーカーと相談するというように、皆と相談する。

◆川村先生の医者としての「成功観」とは、患者がどう成功しているかということによる。専門家の仕事の結果は、患者を見ればわかること。そしてそれは病気が治るということではなく、病気のままでも患者が幸せであると思えることである。

◆患者が専門家を使えばよい。

◆健常者と精神障害者の時間はスパンが違う。健常者は自分が生きてから死ぬまでを考えるが、精神障害者のスパンはもっと長いのではないかと思う。

◆川村先生自身はいつも自分に問いかけている。

：「何をしたいの？」「なぜそれをするのか？」「精神科医って何だろう？」……など。自分の判断に根拠をもちたいと常に思っている。

◆「悩み」とは生きていることの証である。悩みがあると考えるから。だから精神病者から「悩みを取る」なんて、とんでもないことである。

◆「悩み」は宝である。問うべきは、「どう悩めばいいのか？」「誰と悩めばいいのか？」ということである。

◆べてるには「迷惑」「苦労」のエピソードがたくさんある。これを語り継いでいく必要がある。

◆医者のわきまえ：余計なことをせずに踏みとどまる勇気をもちたい。これにはセンスが要る。

◆医者に患者が文句を言う状況を良しとする。患者が医者に注文をつければよい。

◆浦河で医者をやっていてよかったのは、おもしろいこと。トクした感じである。浦河で医者をやっていると、「ヘンな人たちが大事なんだな」と思える。そう思えて、自分が救われた。

◆川村先生はアルコール依存症、つまりアディクションの患者を相手に臨床をしてきた。アディクションの患者はダメな人たちで、そのような人が自分に近く感じられた。一生懸命治そうとしてダメになる患者がいっぱいいる。逆に何もしなくてもよくなる患者もいっぱいいる。そのような患者を見ていて思ったのは、「精神科医のおかげだと言わせない治療をしないといけないんだなあ」ということ。

◆患者を信じること。患者自身が「治りたい」と思っていることを信じる。

◆患者に対し、医者の考えをオープンにしておく。ブラックボックスにならない。医者の判断基準を明らかにしておく。

◆川村先生や向谷地さんのやり方は、きわめて当たり前で、きわめて自然なものである。そういうことであってほしい。

◆川村先生がべてるについて語ると、それをいちばん受け止めてくれるのは精神科の当事者たちである。川村先生は、まずべてるでやっていることを、特に当事者たちに対して伝えていきたい。まずは患者が変わるだろう。患者が当然の権利を主張するようになるだろう。それはハンセン病の患者さんたちと同じである。最後に変わるのが医者である。

◆べてるの当事者たちは幻聴について精神科医相手に講演する。皆驚く。講演の後のパーティで、精神科医がおそるおそる当事者たちに質問したりすることがあっておもしろい。

◆問題はあっちゃいけないのではないのである。問題を問題として伝えられないことが深刻な問題なのだ。

◆患者のやりやすいように、コメディカルのやりやすいように、ということのために医者は存在する。患者やコメディカルがいかに医者を使うか、という視点で自分は仕事をしている。そのために医者は自分の機嫌を良くしておく必要がある。機嫌の悪い人に注文することなどできないから。

◆妄想から構想へ。それをさらに実現へともっていく。

◆べてるが少し有名になってきて、その成果を絶対に医者（川村先生）が取っちゃいけない。日本精神神経学会でもらった賞も、はじめは川村先生対象だったのを、べてる対象に変えてもらい、皆の賞にしてもらった。当事者が主役なんだということを忘れてはいけない。

◆精神医療ではアートの世界の感覚は必要である。向谷地さんはそれがうまい。

◆（ここまで話したことについて）自分たちが実現したいことを実現するための戦略である。そのためには考えていないとダメ。

◆（以上を、我々［伊藤・山本］に対して話したことについて）浦河以外から来た人だから、浦河のことを考えて話すことができる。こうやってまとめて話せると、ふだん話さないこと、ふだん考えないことをまとめることができる。

【コメント】お忙しいのに、2時間も時間を割いて、話をしてくださったことにまず感謝いたします。この3年ほど、べてるについて本を読んだり、ビデオを見たり、浦河に行って見学させていただいたり、といったことを通じて、川村先生の「本気さ」はよくわかっていたつもりではいましたが、先生ご自身が熱く語ってくださるのを直接おうかがいすることで、先生の「本気さ」の迫力を身をもって感じることができました。このような感想は、はじめて浦河に来て、べてるの活動を目の当たりにしたときのものとまったく変わりありません。また川村先生とお会いできたことへの感激も、当事者の方々とお会いしたり、向谷地さんご夫妻にお会いしたりしたときの感激と、まったく同じものです。それは「本で書かれていたこと、ビデオに撮影されていたことが、この浦河の地で、本当に、日々、こんなふうに行われているんだ」という“本物に直接出会えたこと”による感激だと思います。川村先生がお話くださった医療者のわきまえについての話は、認知行動療法の“哲学”にも大いに通じるところだと思います(たとえば「治療者の考えや判断基準を、オープンにしておく」「人の複雑さを活かしたまま患者と接する」「目先のことばかりをやることで、すごい解決策はなくても、問題への出会い方が変わる」など)。べてるは、当事者、向谷地さん、川村先生という三者の出会いによって生まれたのだろうと思っていましたが、「やはりそうなのだ」とあらためて思いました。では向谷地さん、川村先生がいない他所でべてるのような活動はできないのか、というとそういうことではなく、川村先生がおっしゃるとおり、声を上げる当事者がいて、さらにべてるの活動を「きわめて当たり前、きわめて自然」と思うコメディカルやドクターがいれば、簡単なことではないが可能なのだ、と思いました。そのために川村先生はべてるのことを、当事者を主役として各地で語っているのでしょうし、それが単なるヒューマニスティックな考えだけではなく、非常に戦略的な考えに基づくのだということも、あらためてよくわかりました。また僭越(せんえつ)な言い方ですが、その戦略は成功していると思います。

3　第２日目：9/28 水曜日

■午前(1)：ニューべてるにて朝のミーティング

●全員の出欠を確認し、出席者は、本日の（1）体調、（2）気分、（3）勤務時間（例：お昼まで、3時まで、終わりまで）を自己申告する。

●各部門の昨日の報告（昨日の実績など、良かったこと、苦労したこと、さらに良くする点）と、本日の予定が、各部門より発表される。

●各発表、発言ごとに拍手が入るのも、べてるらしい。一つの「形式」と化しており（よい意味で）、ミーティングの構造を保つしかけでもあると思う。

【コメント】毎朝の、このミーティングによって、メンバーの孤立を防げるのだと思いました。それは毎朝の出席者に限ったことではなく、欠席者についてもいえることでしょう。あまりにも欠席が続けば、誰かが様子を見にいくという話になるでしょうから。この日のミーティングでも、あるメンバーが、「最近、○○さんを見かけていない。目撃情報があったら教えてください」と呼びかけており、それに対して別のメンバーが、「○○さんなら、××で見たよ」と応じていました。

■午前(2)：荻野施設長のオリエンテーション

●資料に沿って、浦河べてるの歴史、現在の組織図、各組織の活動などなど、荻野仁さんに具体的に説明していただいた。私からは「質問攻め」といってよいほど、いろいろと質問しまくったが、一つひとつに対して丁寧に答えていただいた。

●特に知りたかったのは、現在および今後、べてるに参加したい人がどうなるのか、ということであるが、社会福祉法人となって各施設とも定員があるので、現在新規に参加することは不可能ということであった。べてるに入りたいという全国の人から問合せが毎日あるということだが、それはすべて断っているとのことである。べてるが把握しているだけでも500〜600人ぐらいはいるらしい。またべてるに入れないことを承知で、住居を浦河に移し、浦河赤十字病院で川村先生に診てもらいながら、"順番待ち"（実際はそのような制度はない）のように浦河で暮らしている人たちが、今年に入ってからでも十数人に上るという。荻野さんご自身は、もっとべてるを拡大して、そのような人を受け入れる方向で考えているとおっしゃっていた。

●また、べてるを抜ける人がどれだけいるかということについても質問したが、自然にべてるを離れる人が当然いるが、「卒業」という形で辞める人は非常に少ないのだとのことだった。なかには「一般就労」という形で浦河で職を見つけてべてるを卒業する人もいらっしゃるそうだが、とにかくそのような方は少ないらしい。

【コメント】2年前の訪問時と同様に、荻野さんが、丁寧に、そして具体的にべてるの全体像と各活動について、わかりやすく説明してくださいました。今回は、いろいろと質問事項があったのですが、どれに対しても率直に答えてくださり、うれしかったです。前日の向谷地さんとの会食時にも、川村先生との面談時にも感じたことですが、べてるでは「タブー」がなく、出来事や状況がオープンにされているように思われます。このような透明性と、当事者や関係者が安心してそこにいられることは非常に関連性が高いと思います。

■午前(3)：「新鮮組」にて長谷川さんと話す

●べてるの事業部門の一つである「新鮮組」（農産局、水産加工局、製麺局、環境清掃局）を見学させていただく。荻野さんに畑や水産加工の場所を案内していただいた後、新鮮組のリーダーである長谷川勝男さんにいろいろとお話をうかがった。新鮮組のモットーは、仕入れに極力お金をかけないことだそうで、たとえば水産加工局で使う鮭の身は、卵を取ったあとに捨てられてしまう鮭を仕入れて加工するし、環境清掃局で販売する中古家具は粗大ゴミとして捨てられることになっているものをタダで引き取るのだそう。農産局でも、山菜やきのこを山に行って採ってくれば仕入れはタダだし、とても美味しいものが入手できるとのことであった。

●農作業などは「待ったなし」なので、そのような作業を日々行うにあたって、精神障害者の不安定さにどう対応して、事業としてやっていくかということが課題であるとのことであった。

●さらに、べてるのグループホームが点在する場所に、製麺局の製品であるうどんを使ったうどん屋を開きたいという計画&希望について語ってくれた。製麺局のうどんの美味しさは評判になっているそうで、商売としてもおもしろいとのことだが、長谷川さんがおっしゃるには、何よりグループホームに住む仲間たちの食生活が心配で、うどん屋を開くことで、彼らの食生活が少しでもマシなものになるように助けてあげたいのだという。せっかく退院してグループホームに住んでも、食生活がうまくいかなくて、それが要因で具合が悪くなることもある、それを何とかしたいのだとのことであった。店舗として使えそうな家もすでに見つけてあって、改装することでお店を開くことは可能なのだが、予算が10万円しかなく、それではトイレ工事一つとっても到底足りないということを、淡々とお話された。しかし何が何でもうどん屋を開きたいとのことであった。

【コメント】長谷川さんがリーダーとして新鮮組という部門全体の事業を苦労しながら（べてるの場合、苦労というのはとてもポジティブな体験ということだと思いますが）運営していらっしゃるのが、そのお話からひしひしと伝わってきました。うどん屋さんの実現を心から応援したい気持ちになりました。あくまでも商売しながら、その商売が当事者を助けるというモデルが、まさにべてるそのものだと思いました。

■午後（1）：浦河赤十字病院にて病棟 SST に参加

●ワーカーがリーダー、ナースがコリーダーとなって、大体 20 名ぐらいが参加する病棟の SST に参加・見学させていただいた。構造はべてるの SST と同様である。

●練習課題としては、(1) 買い物に行き、支払いをしようとしたら手持ちのお金が足りない、(2) グループホームの同居人に DVD をあげると言われたが、要らないので断りたい、(3) 復帰したばかりの職場で、うすうす当事者の病気について知っている上司から、「調子はどう？」と声をかけられたときの対応、の 3 つが提案され、それぞれロールプレイ、メンバーからのコメント、再度のロールプレイ、再度のコメント、という流れで実施された。

【コメント】若いワーカーさんが堂々と SST をマネジメントしていました。医療外で実施されるべてるの SST と、この病棟の SST が微妙に雰囲気が違うように思われました。べてるの SST のほうがにぎやかで、病棟の SST のほうが統制された感じです。その印象の違いは、リーダーによるのか、SST が実施されている場によるのか、メンバーによるのか……いろいろ考えてみましたが、おそらくそのどれもが要因として関与しているのでしょう。

■午後(2)：四丁目ぶらぶらざにて、見学とおしゃべり

●昨日より話題の千高さんが、向谷地さんより「見学の人たちに自分のことを話してあげたらどう？」と言われたとのことで、話に来てくれる。その際、「私の幻聴はもうすぐ治ると思う」とおっしゃっていたのが印象的であった。昨日のミーティングに参加したメンバー同士が立ち話で、「千高さん、かなり良くなってきたと思うよ」と言っていたのを小耳にしたのだが、なんだかべてる全体で千高さんの幻聴さんの現状を把握し、見通しを共有しているような感じがした。

●あとはいろいろなメンバーさんと病気について話したり、世間話をしたりして、のんびりと過ごした。単純に楽しかった。

4　第 3 日目：9/29 木曜日

■午前(1)：ニューべてるにて朝のミーティング

●構造は昨日と同様。ミーティング中、ある参加者が、共同住居で長年

一緒に住んでいるあるメンバーが他人の食べ物を勝手に食べるので困っているという話をする。皆、「それは困るねえ」と言いながら、アドバイス的なことを言う人もいたのだが、これといって「こうすれば」「こうしよう」という結論を出すわけでもなく、言い出した当人も、“とりあえず困っているから話をした”ということで納得された様子で、この件についての話が終わったのが印象的だった。べてるは「問題解決」志向ではなく「問題」志向なのだ、ということと、この方が本気でこの件の解決を望む場合は自らSSTで練習するのだろうということを考えた。

■午前(2)：清掃および昆布作業に参加。ぶらぶらざにて買い物

●ぶらぶらざに買い物に行く、ということで荻野さんが車で送迎してくださった。そのとき林園子さんが亡くなったことについておうかがいしたところ、彼女が亡くなっているのに気づいた状況についてお話してくださり、さらに林さんのお母さま（名古屋在住）が園子さんの死後、彼女を偲ぶという目的もあって、グループホームを浦河に作ることにしたという話をしてくれた。

【コメント】ご遺族がこのような形で、亡くなった娘さんを偲ぶことをべてるの応援につなげる、ということが実現することに、ひたすら感激するばかりでした。また荻野さんのお話しぶりから、べてるの方々が園子さんの死を非常に残念に思っているということが、よく伝わってきました。さらに他の場面でも、園子さんがいないことがいかに残念か、ということをメンバーやスタッフがさらっと語るのを何度か見聞きしました。園子さんに「当事者研究」のことを教えていただいた私は、あらためて彼女に感謝するばかりです。

■午前(3)：ニューべてるにて「SST バラバラの会」に参加

●「バラバラ」とは統合失調症の「精神バラバラ」の意であると、開始前にメンバーさんに教えてもらった。

●リーダーは向谷地悦子さん。私は2年前に初めてべてるのSSTを四丁目ぶらぶらざにて見学したが、そのときのリーダーも悦子さんだっ

た。そのとき、「こんなに生き生きとして、楽しいSSTがあるのか」と驚くとともに、セッションがしっかりと構造化されており、その構造が自然な形で浸透していることに、非常に感動したという体験がある。今回の浦河訪問で、3度目のSST見学だったが、期待して参加させていただいた。

●参加者は30名ほど。一番にぎやかなSSTであった。

●ウォーミングアップの後、宿題の報告、課題を持ってきた人の練習(ロールプレイ、コメントの繰り返し)が実施された。これはいつものSSTの構造と同じ。練習は4セッション行われた。(1)長崎での講演会における自己紹介、(2)幻聴さんへの対処、(3)爆発しそうなときの対処、(4)べてるの商品説明のやり方、の4つである。

●いちばん興味深かったのは、上記(2)のセッションである。これは前述の千高のぞみさんが主役の練習セッションであった。現在、千高さんは50〜100人の幻聴さんがいて、彼女に嫌がらせをしてくるそうである。なかでも「ムカつく」「謝れ」「腹立つ」などといって責めたててくる幻聴さんたちに困っておられるそうで、最近では幻聴警察が出動して助けようとしてくれることもあるが、何しろ幻聴警察には10人ぐらいしかいないので、負けてしまうのだそうだ。またべてる流の幻聴さんへの対処法である「幻聴さんに対するお願い」をしてうまくいくときもあるが、ときには逆ギレされて、幻聴さんに背中を叩かれることもあるそうで、今回は、そういうしつこい幻聴さんへの対処法を練習したいということであった。

参加メンバーから3名が選ばれて(選んだのは千高さん自身)、その3名が千高さんの背後で、彼女の背中を叩きながら口々に、「ムカつく」「謝れ」「腹立つ」と言いつづけるというロールプレイをまず行って、彼女の体験を再現した。これを見ると、幻聴さんのしつこさにいかに当事者がつらい思いをするか、というのがものすごい迫力をもって実感された。

次に、対処法がメンバーやスタッフから提案され、「幻聴さんを笑わせればよい」というアイディアもあったが、千高さんは、「幻聴さんに丁重にお引取りを依頼しつつも、幻聴警察にもっと助けてくれるようお願いする」という課題を選択して、再度ロールプレイを実施した。具体的には、背後で「ムカつく」などと幻聴さんに背中を叩かれながらも、「幻聴さん、お願いですからお帰りください。そして幻聴警察さん、よろしくお願いします」と何度も声に出して言ってみる、という練習が行われた。ひとしきり練習して、千高さんは何かをつかんだようで、「わかりました。やってみます」とのことでこの練習セッションは終了になった。

●（3）の「爆発しそうなときの対処」の練習は、コシダさんという男性メンバーが当事者だった。かなり状態が悪いようで、練習しながらも反応があちこちに脱線し、収拾がつかない感じであったが、それも日常茶飯事なのか、リーダーもメンバーも適当に受け流しながら、しかし練習だけはしっかりやり遂げるというように、構造は揺らがなかったところがすばらしかった。さらに感心したのは、「爆発しそうなときの対処」というアジェンダ以外の話を、コシダさんがあれやこれやと持ち出したときに、リーダーの向谷地悦子さんが、「その話は、○○ミーティングでしてね」とか「それは自己研究しましょう」と、別のミーティングや対処法を自然な形で提案し、あっさりと受け入れられていたことであった。特に感銘を受けたのは、皆で共有するところまで熟成されていない件について、当たり前のように「それについては自己研究してね」というアドバイスがなされていたことであった。

【コメント】これだけの大人数で、1時間強という限られた時間のなかで、ウォーミングアップをし、宿題を検討し、新たな練習セッションを4つも実施するという、すばらしく構造化されながらも、自由で生き生きとしたSSTの展開の仕方に、またもや感動してしまいました。また千高さんの練習セッションで、幻聴さん役をメンバー数名が演じて見せてもらったことで、幻聴のリアルさを実感をもって理解できたのが大きな収穫でした。「なるほど、こんなふうに複数の幻聴さんに責めたてられたら、さぞかししんどいだろう」ということが、痛感させられました。といっても本当の幻聴さんは3

人ではなく 50〜100 人以上というのですから、もっともっとしんどいのでしょうが、ともあれ「当事者がストレスを強く感じる場面を切り取って、アセスメントしたり対処法を検討したりロールプレイしたりする」という技術は、認知行動療法において最も重要な技術です。それがべてるでは自然に、当たり前のように実施されている、ということが、この SST でもよくわかりました。このようなセッションを録画したものを見るだけで、我々のようなコメディカルは非常に勉強になるのではないかと思います。

5　全体の感想と今後の計画

●今回は「当事者研究の研究」という主たるテーマを持って浦河に参りましたが、SST を見学したり、向谷地さんや川村先生と直接お話する機会を頂戴することで実感したのは、「当事者研究が“当たり前のこと”として“当たり前のように”実施される場が、べてるでは出来上がっている」という事実・現実の凄さでした。その場を作ってきた当事者（メンバー、向谷地さん、川村先生ほか）の方々から、これまでの訪問時よりさらに直接的にお話をうかがうことができ、今あるべてるの場が持っているこれまでの歴史をきちんと見ていかなければ、今あるべてるの場自体をよく理解することはできないということが、私なりによく理解できた気がします。そのために、もう一度、手元にあるべてる本や資料を再読しようと思うと同時に、今後も引き続き浦河にお邪魔して、多くの関係者の方々の語りを聴かせていただこうと思います。

●当事者研究については、私が認知行動療法と絡めて考えていたことは、さほど大間違いではないことが確認できた気がします。具体的には、すぐに解決を目指すのではなく、今抱えている自分の問題が「いったいどうやって構成されているのか」ということを、仲間に手助けしてもらいながら、語ったり、紙に図的に外在化したりするということが、よりよい当事者研究の欠かせない出発点であるということです。当事者研究についても、今後とも研究を続けていく所存ですが、なにしろ相当に探索的な研究なので、定期的に成果をそれこそ無理やりにでも外在化して、次に進めていきたいと思います。そのためには心理学関係の学会で、一度、当事者研究について関係者や関心のある方々と共有するセッションをもちたいと考えております。これについては早速向谷地さんに相談してみるつもりです。

あとがきにかえて

向谷地生良氏に聞く

「練習しよう」と「研究しよう」

――べてるの家と認知行動療法の出会いについて教えてください。

べてるでは、まず「働く」とか「暮らす」ということが大事だったんです。地元にある昆布の産地直送に挑戦したわけですが、昆布を売るための袋を手に入れる、販路を開拓する、実際に売る。すると「どうしたら情報を集められるだろうか」「どういう売り方をすれば売れるのだろうか」という発想が自然発生的に生まれてきました。そこでいろいろと試行錯誤するうちに、SST というものと出会って、「これだ！」ということになったのです。

産直を始めてから SST に出会うまでに 7〜8 年あるのですが、その間は売るときにはドキドキしたり苦労も大きくて大変でした。でもその苦労が SST と出会って花開いた。SST で練習すればなんとかなる、と。当時は認知行動療法なんて言葉は知らなかったのですが、そういう認知行動療法的な発想がもともとべてるにあったのでしょうね。

――練習すればいいや、という感じですか。

そうですね。統合失調症を抱えていた人たちが困難に陥ったときに、いままでは「じっくり悩みを聞いてあげよう」とか、「指導したりアドバイスをすればいい」という切り口しかなくて悶々としていたのです。でも「練習すればいい」という切り口はとても新鮮で、納得できたんですね。

当事者自身も「ああそうか。練習すればいいんだ」というかたちで、自分のかかえた“生きづらさ”がいわば外在化されて、目に見えるテーマになった。そして「練習してみたらうまくいった」という達成感も、生活を豊かにする大事なきっかけになったということです。

そういう経験を経て、統合失調症の人たちがかかえる生きづらさというのは「自分が望んでいるものを獲得しにくいもどかしさ」とか、「何かに邪魔されているようでそこに行きつくことができない大変さ」としてあるのだということがわかってきた。言ってみれば、認知行動療法の視点をもつことによって、そういう困難そのものと、その困難をかかえる当事者というのを分けて考えられるようになったんです。だから統合失調症の人たちは大変な生きづらさをかかえていますが、統合失調症がどんなに「運転のむずかしい車」であっても、その操作方法を習って練習すれば上手に運転できるようになる――そう思えるだけで、私たちの切り口はだいぶ変わってきましたね。

――なんかあっさりしてますね。

そうなんです。あっさりとしたというのがポイントですね。「練習しよう」のひと言ですから。

でも何を練習するのか、どう練習すればいいのかというテーマは一見簡単そうでいて、なかなか深いテーマなのです。たとえば親子関係で「こんなときはこう言えばいいよ」とか、友達関係でも「お金をせびられて困るときに上手に断れるようになればいいね」というレベルの練習課題ならすぐに見つかる。しかし何が練習課題なのか、何が自分の生きづらさなのかということは、そうたやすく見えてこないんです。じつはこれが精神障害をもった人たちのほんとうの大変さであって、SST はどうしてもそこで壁にぶつかる。

べてるでも「この商品はどうやって説明したらお客さんに伝わるか」というレベルでは SST は有効であっても、「なぜ自分はいつも同じ失敗をくり返してしまうのだろう」というような深いテーマになってくると、単純に SST には乗りにくいんですよ。

そこで、「じゃあ一緒に研究してみよう」と、みんなの語らいが始まる。そしてみんなで議論しているうちに、「あ、こういうことだったんだ」と腑に落ちて、そこではじめて「これを練習すればいいんじゃない？」となるわけです。私たちはそういう語らいを「当事者研究」と言ってきただけなんですよ。

——研究というのは、原因を探ったりするのですか。

専門家は——当事者本人もそうかもしれないですけど——、「なぜこんなことが起きているんだろう？」と原因を追求して、その原因さえわかれば結果も導き出せるとどうしても思ってしまうんですけれども、私たちの当事者研究の基本スタンスは「原因探しをしない」ことです。

原因探しというのはそこに問題の「根っこ」を探すという営みだと思うのですが、私たちはそうしない。過去の出来事を遡るにしても一つのデータを探るという感じですね。さまざまな出来事に対して中立的な立場をとっていると思います。もちろん「むかし、どんな苦労をした？」と聞けば「こんなことがあってね」といろいろ出てくるのですが、それは原因を探しているのではありません。何が原因か、何が結果かではなくて、「どう生きてきたか」という、その生活体験の共有の手段として過去の出来事を知るだけなんです。

よく過去の経験を話すと、「過去のつらい部分に光が当たるようでしんどい」とか、「まるで自分の内面の闇に自分で降りていくようでつらい」とかの“抵抗”があるのですが、当事者研究のなかで語るときには、それは内側に入っていく作業ではなくて、「自分の生きてきた情報」を外に出す作業になるようです。経験の分かち合いをするだけですから、それほど気張らなくていいというか、恐れなくていい。出せるものだけを出していくんです。

おそるおそる自分の経験を出してみたら、それがほかの人たちの経験と融合して、とても大事な「経験のまとまり」として生かされていくという出来事がたくさんありますね。ですから、過去の経験には捨てるものはない。みんな宝です。それを自分の欠点のように押し込めておくと宝が宝でなくなって、それこそ宝の持ちぐされになってしまう。

深刻にならずに真剣になる

——たしかに軽いノリで研究していますね。

大事なのは、深刻になるのではなくて、真剣になることです。そしてもう一つ大事なのは、ユーモア精神です。これがSSTでも当事者研究でも、非常に重要なエッセンスになっていると思います。

ユーモアの根源は、「にもかかわらず笑うこと」だと聞いたことがあります。どうにも先が見えない困難に陥ったとき、「にもかかわらず笑える」感覚でしょうか。

あるメンバーは体を誰かに傷つけられるようなつらい体感幻覚に苦しんでいたんですね。そこでみんなで話し合ったら、夜中に自分の体を傷つけにくるかもしれない人にむけて、「お疲れさん。どうぞ飲んでください」と枕元に缶コーヒーを置いておこうということになった。そういう知恵が出てきたことでみんながドッと笑って、実際にやってみたらうまくいった。こういうおかしみみたいなものが、みんなのエネルギーになっているようですね。

——自分への距離感を必要とするという点では、ユーモアと研究は似たところがありますね。

似ていますね。困難に向き合ったときに「研究しよう」となるわけですが、研究というのは1人の世界のなかで空想するということではないんです。「自分自身で共に」というのが当事者研究のキャッチフレーズなのですが、まさにこれは人とつながろうという志です。

「人と問題をどうやったら切り離せるか」とよく聞かれますが、悩みとか行き詰まりを抱えたり、出口がわからなくなるような大変さに陥ったときには、ひと言「研究しよう」とつぶやくこと。簡単なんですよ。もうそれだけでいい。

「何が何だかわからないけど、研究してみよう」「悩みではなくて研究なんだから、何か大事なテーマがあるにちがいない」というところに、まず立ってしまうこと。そういう決め方ですね。どんなときも研究すればいいんだと。ある種おまじないに近いものでいいと思うんです。

つまり、「人と問題を分けられたかどうか」というよりも、むしろ「研究しよう」と言った時点でもう分かれてしまっている。ではそのひと言をどうしたら出せるか。それは、いい加減に、口先だけで、「研究しよう」と言えばいいんですよ。そしたら流れが変わる。そういういい加減さって大切です。

——「研究」というスタンスに立ってしまえば、すでに人と問題は分かれている。

言うが勝ちですね。

——世の中に、こんなにたくさんの研究者がいる理由がはじめてわかりました（笑）。

学会とかに行ってあんなに研究したがるというのは、研究という場に立てるというのが救済の一つでもあるんじゃないですかね。べてると同じように。

「やってみるか！」の前に「これでいいのだ！」

——SST の中身について具体的にお聞きしたいのですが、ビデオのなかで沖田操さんの SST についてコメントされてましたね。

沖田さんにかかわらず、深刻な問題を抱えている人を前にすると私たちは、その深刻さをなんとか解決してあげたい、という思いにかられます。原因を探して、「これをこうやって解決すればいいのだ」という文脈のもとに SST をやったりミーティングを開いたり……という流れになってしまいがちです。沖田さんの場合でも、どうしてもそういう傾向が出てくる。問題が深刻で、大変だというときに、私たちはついついそれに呑まれてしまうんですね。それでつい「何々ができなくなるよ」という方向に行ってしまう。

でも、問題が深刻であればあるほど、やるべきことは逆じゃないかと思います。私はそういう深刻さをかかえた人たちによく言います。「あなたにしてみたら、爆発だとか食べすぎだとか、あってはならないことが自分に起きてきて、なんとかそれをやめたいと思っているかもしれない。それはそうかもしれないけれども、あなたはいままで自分に起きたつらさとか、圧迫感とか困難を、あなたなりに一生懸命解消しようとしてやってきたよね。その結果が爆発だとか過食だったとしても、それ自体はあなたが自分を助けようとする懸命の作業だということだよ。そういう意味では偉いよね」と。

自分を一生懸命大事にしようとしてきた結果として、爆発とか食べすぎという、自分がもっとも望まない現実に陥ってしまった。つまり、彼女らはいままで一生懸命に自分を助けてきた人なんです。そこから始める。「問題をかかえた人」としてスタートしないことが基本になると思いますね。

「よくやってきたね」というその思いを共有すること、これスタートラインです。これが後々フィードバックとか練習課題に反映してくる。だから最初が大事です。

——そういう共有感をもつために、当事者研究が必要だと。

そうです。当事者研究というのは、「それでOKだよ」ということを再確認する一つの作業だと思いますよ。

きっと沖田さんのなかには、自分はあれもダメだしこれもダメだし、要するに「みんなダメダメだ!」という思いがあると思います。そのダメなことを必死になって良いものにしよう、なんとか解決しようという気持ちが、SSTを一生懸命やったりデイケアに通ったりするエネルギーになっているとは思います。しかし私たちが大事にしたいのは、×から出発して○を目指すのではなくて、じつは×と思っていた自分の経験や出来事がすでに○である、ということです。×は×だとしても、その×をたくさん抱え込んでしまっている自分という存在は○なのだ——そういうことをお互いに了解しあっていくコミュニケーションが当事者研究なのだと思います。

暮らしのなかの認知行動療法

——それにしても、べてるの認知行動療法は「療法」っぽくないですね。

SSTでも当事者研究でも、中心にはやはり暮らしがあります。暮らすということは、いろいろな苦労と出会うことですよね。

私が精神科医療の現場で働くようになってもっとも違和感をもっ

たのは、病気を悪くしないために、症状が起きないためにと、まわりが非常に保護的・管理的に当事者の生活を守ろうとすることでした。でも生活というのはチャレンジであると同時にリスクをともなうんですね。つまりリスクなしには生活もない。「あたりまえの苦労を取り戻す」というのはそういう意味です。そして苦労に出会えば必然的に、そこにはそこなりのミーティングやプログラムが生まれてくる。そのなかで課題を解決したり、何かを実現しようとするときの道具として、認知行動療法の考え方が要所要所に使われていった。

だから先に暮らしがあって、それを支える手段としてそういう理論があるわけです。これが逆になると療法っぽくなるかもしれませんが(笑)。

――病院での SST が「すべって」しまうのは、そのためでしょうか。暮らしと接点がないから切実なテーマが見つからない?

いや、テーマがないってことはないと思います。たとえば病棟でも長期入院の患者さんたちは、一見、病状が落ち着いて、何も問題もなく過ごしているように見えながら、じつはそこには表に出てこないものすごい不全感がうっ積している。長期入院の人たちは、そういう現実を見ないように見ないように、必死になってがんばっているだけなんです。

つい最近も、ずっとおだやかに過ごしてきた長期入院の患者さんが突然爆発して、大声を張り上げてガラスを割ったということがありました。落ち着いたあと、その方とお話ししましたら、「やっぱり退院したい」と言うんですね。もう何年も入院していながら、「退院」のひと言を先生にいえないでいる。

なんとなくわかる気がしました。患者さんというのは、けっこう職員に気を使っていますからね。自分が何か問題をかかえたり、悩みがあったり、困っている人として見られないように注意しながらみんな入院生活をしていますから、私たちは知らず知らずのうちにそういう小さなサインを見落としてしまっていることがある。

——そうやってテーマが見つかったとして、次に何が大切ですか。

1時間なら1時間のなかで行われるSSTというプログラムが有効になるためのポイントは、SSTが終わったあとの暮らしのなかでそれがどう生かされているかです。

SSTというセッションのときには肯定的に受け止められたのに、病棟に戻ったら注意されたり叱られてばかりだったり……。そうなると、この1時間のSSTのセッションの意味がなくなってしまう。

たぶんそこが浦河ともっとも違うところだと思います。1時間のSSTセッションと同じ構造がそれ以外の場でも一貫して維持される。それが徹底して大事にされている。病院でもべてるでも、いつもそれにこだわっています。

統合失調症という非常に運転のしづらい車の運転操作の取得に取り組んでいるとすれば、1時間という限られた時間内での練習以外の場面でも、同じような感覚で練習できることを保証する。そういう意味では、SSTのセッションを担当したスタッフだけではなくて、病棟のスタッフにも、地域での支援のスタッフにも、またまわりの当事者の人たちにも、「統合失調症という車の運転をサポートする力」が、どうしても必要になってきますね。

——問題はまわりのほう、ということですか。

SSTが十分にうまくいかないときには、当事者の障害が重いとか、病状が悪いというのではなくて、サポートするスタッフの責任がほとんどというふうに考えたほうがいいと思います。

——般化(はんか)できない、とかよく言われますが。

般化というのは、練習を積み重ねることによって現実の場でもできるようになるということだと思うのですが、それ以上に、SST のなかでやったこと、そこで保証されたコミュニケーションの構造が、病棟であろうがどこであろうがどこでも保証されている、という意味での般化が大切だと思います。そういう「場としての般化」があってこそ、当事者のなかに般化が起きるといえると思います。

——「能力の般化」ではなく「場の般化」ですか。

そこさえしっかりしていれば、SST はすべりようがないと思いますよ。まあすべったらすべったで、またおもしろいんですが。

編著者紹介

伊藤絵美(いとう・えみ)

洗足ストレスコーピング・サポートオフィス所長。
慶應義塾大学大学院修了後、精神科クリニックでの心理職、民間企業におけるEAP(従業員支援プログラム)活動、大学での学生相談などを経て2004年より現職。
主な著訳書に、『認知療法・認知行動療法カウンセリング初級ワークショップ』(星和書店)、『認知療法全技法ガイド』(共訳、星和書店)、『事例で学ぶ認知行動療法』(誠信書房)、『ケアする人も楽になる認知行動療法入門』(医学書院)、『つらいと言えない人がマインドフルネスとスキーマ療法をやってみた。』(医学書院)などがある。

向谷地生良(むかいやち・いくよし)

浦河べてるの家／北海道医療大学教授。
北星学園大学社会福祉学科卒業後、浦河赤十字病院にソーシャルワーカーとして勤務。1984年に「浦河べてるの家」を当事者とともに設立。
浦河べてるの家の主な著書に、『べてるの家の「非」援助論』、『べてるの家の「当事者研究」』(いずれも医学書院)。単著に『「べてるの家」から吹く風』(いのちのことば社)、『べてるな人びと第1〜5集』(一麦出版社)、『技法以前』(医学書院)などがある。

執筆者紹介［執筆順］

山本真規子(やまもと・まきこ) ……………………………第1部 第3章
慶應義塾大学／国立成育医療センター

森本幸子(もりもと・さちこ) ……………………………第1部 第4章
洗足ストレスコーピング・サポートオフィス／仙台白百合女子大学

吉村由未(よしむら・ゆみ) ……………………………第1部 第5章
洗足ストレスコーピング・サポートオフィス／国立成育医療センター

津高京子(つだか・きょうこ) ……………………………第1部 第6章
洗足ストレスコーピング・サポートオフィス／目白ジュンクリニック

シリーズ ケアをひらく ❶ 下記価格は本体価格です。

本シリーズでは、「科学性」「専門性」「主体性」
といったことばだけでは語りきれない地点から
《ケア》の世界を探ります。

ケア学：越境するケアへ●広井良典●2300円●ケアの多様性を一望する———どの学問分野の窓から見ても、〈ケア〉の姿はいつもそのフレームをはみ出している。医学・看護学・社会福祉学・哲学・宗教学・経済・制度等々のタテワリ性をとことん排して〝越境〟しよう。その跳躍力なしにケアの豊かさはとらえられない。刺激に満ちた論考は、時代を境界線引きからクロスオーバーへと導く。

気持ちのいい看護●宮子あずさ●2100円●患者さんが気持ちいいと、看護師も気持ちいい、か?———「これまであえて避けてきた部分に踏み込んで、看護について言語化したい」という著者の意欲作。〈看護を語る〉ブームへの違和感を語り、看護師はなぜ尊大に見えるのかを考察し、専門性志向の底の浅さに思いをめぐらす。夜勤明けの頭で考えた「アケのケア論」！

感情と看護：人とのかかわりを職業とすることの意味●武井麻子●2400円●看護師はなぜ疲れるのか———「巻き込まれずに共感せよ」「怒ってはいけない！」「うんざりするな!!」。看護はなにより感情労働だ。どう感じるべきかが強制され、やがて自分の気持ちさえ見えなくなってくる。隠され、貶められ、ないものとされてきた〈感情〉をキーワードに、「看護とは何か」を縦横に論じた記念碑的論考。

あなたの知らない「家族」：遺された者の口からこぼれ落ちる13の物語●柳原清子●2000円●それはケアだろうか———幼子を亡くした親、夫を亡くした妻、母親を亡くした少女たちは、佇む看護師の前で、やがて「その人」のことを語りはじめる。ためらいがちな口と、傾けられた耳によって紡ぎだされた物語は、語る人を語り、聴く人を語り、誰も知らない家族を語る。

病んだ家族、散乱した室内：援助者にとっての不全感と困惑について●春日武彦●2200円●善意だけでは通用しない———一筋縄ではいかない家族の前で、われわれ援助者は何を頼りに仕事をすればいいのか。罪悪感や無力感にとらわれないためには、どんな「覚悟とテクニック」が必要なのか。空疎な建前論や偽善めいた原則論の一切を排し、「ああ、そうだったのか」と腑に落ちる発想に満ちた話題の書。

べてるの家の「非」援助論：そのままでいいと思えるための25章●浦河べてるの家●2000円●それで順調！――「幻覚＆妄想大会」「偏見・差別歓迎集会」という珍妙なイベント。「諦めが肝心」「安心してサボれる会社づくり」という脱力系キャッチフレーズ群。それでいて年商1億円、年間見学者2000人。医療福祉領域を超えて圧倒的な注目を浴びる〈べてるの家〉の、右肩下がりの援助論！

物語としてのケア：ナラティヴ・アプローチの世界へ●野口裕二●2200円●「ナラティヴ」の時代へ――「語り」「物語」を意味するナラティヴ。人文科学領域で衝撃を与えつづけているこの言葉は、ついに臨床の風景さえ一変させた。「精神論 vs. 技術論」「主観主義 vs. 客観主義」「ケア vs. キュア」という二項対立の呪縛を超えて、臨床の物語論的転回はどこまで行くのか。

見えないものと見えるもの：社交とアシストの障害学●石川准●2000円●だから障害学はおもしろい――自由と配慮がなければ生きられない。社交とアシストがなければつながらない。社会学者にしてプログラマ、全知にして全盲、強気にして気弱、感情的な合理主義者……〝いつも二つある〟著者が冷静と情熱のあいだで書き下ろした、つながるための障害学。

死と身体：コミュニケーションの磁場●内田　樹●2000円●人間は、死んだ者とも語り合うことができる――〈ことば〉の通じない世界にある「死」と「身体」こそが、人をコミュニケーションへと駆り立てる。なんという腑に落ちる逆説！「誰もが感じていて、誰も言わなかったことを、誰にでもわかるように語る」著者の、教科書には絶対に出ていないコミュニケーション論。読んだ後、猫にもあいさつしたくなります。

ALS 不動の身体と息する機械●立岩真也●2800円●それでも生きたほうがよい、となぜ言えるのか――ALS当事者の語りを渉猟し、「生きろと言えない生命倫理」の浅薄さを徹底的に暴き出す。人工呼吸器と人がいれば生きることができると言う本。「質のわるい生」に代わるべきは「質のよい生」であって「美しい死」ではない、という当たり前のことに気づく本。

べてるの家の「当事者研究」●浦河べてるの家●2000円●研究？ ワクワクするなあ———べてるの家で「研究」がはじまった。心の中を見つめたり、反省したり……なんてやつじゃない。どうにもならない自分を、他人事のように考えてみる。仲間と一緒に笑いながら眺めてみる。やればやるほど元気になってくる、不思議な研究。合い言葉は「自分自身で、共に」。そして「無反省でいこう！」

ケアってなんだろう●小澤勲編著●2000円●「技術としてのやさしさ」を探る七人との対話———「ケアの境界」にいる専門家、作家、若手研究者らが、精神科医・小澤勲氏に「ケアってなんだ？」と迫り聴く。「ほんのいっときでも憩える椅子を差し出す」のがケアだと言い切れる人の《強さとやさしさ》はどこから来るのか———。感情労働が知的労働に変換されるスリリングな一瞬！

こんなとき私はどうしてきたか●中井久夫●2000円●「希望を失わない」とはどういうことか———はじめて患者さんと出会ったとき、暴力をふるわれそうになったとき、退院が近づいてきたとき、私はどんな言葉をかけ、どう振る舞ってきたか。当代きっての臨床家であり達意の文章家として知られる著者渾身の一冊。ここまで具体的で美しいアドバイスが、かつてあっただろうか。

発達障害当事者研究：ゆっくりていねいにつながりたい●綾屋紗月＋熊谷晋一郎●2000円●あふれる刺激、ほどける私———なぜ空腹がわからないのか、なぜ看板が話しかけてくるのか。外部からは「感覚過敏」「こだわりが強い」としか見えない発達障害の世界を、アスペルガー症候群当事者が、脳性まひの共著者と探る。「過剰」の苦しみは身体に来ることを発見した画期的研究！

ニーズ中心の福祉社会へ：当事者主権の次世代福祉戦略●上野千鶴子＋中西正司編●2100円●社会改革のためのデザイン！ ビジョン!! アクション!!!———「こうあってほしい」という構想力をもったとき、人はニーズを知り、当事者になる。「当事者ニーズ」をキーワードに、研究者とアクティビストたちが「ニーズ中心の福祉社会」への具体的シナリオを提示する。

コーダの世界：手話の文化と声の文化●澁谷智子●2000円●生まれながらのバイリンガル？———コーダとは聞こえない親をもつ聞こえる子どもたち。「ろう文化」と「聴文化」のハイブリッドである彼らの日常は驚きに満ちている。親が振り向いてから泣く赤ちゃん？ じっと見つめすぎて誤解される若い女性？ 手話が「言語」であり「文化」であると心から納得できる刮目のコミュニケーション論。

技法以前：べてるの家のつくりかた●向谷地生良●2000円●私は何をしてこなかったか———「幻覚&妄想大会」をはじめとする掟破りのイベントはどんな思考回路から生まれたのか？ べてるの家のような〝場〟をつくるには、専門家はどう振る舞えばよいのか？ 「当事者の時代」に専門家にできることを明らかにした、かつてない実践的「非」援助論。べてるの家スタッフ用「虎の巻」、大公開！

第41回大宅壮一ノンフィクション賞受賞作

逝かない身体：ALS的日常を生きる●川口有美子●2000円●即物的に、植物的に —— 言葉と動きを封じられたALS患者の意思は、身体から探るしかない。ロックトイン・シンドロームを経て亡くなった著者の母を支えたのは、「同情より人工呼吸器」「傾聴より身体の微調整」という究極の身体ケアだった。重力に抗して生き続けた母の「植物的な生」を身体ごと肯定した圧倒的記録。

第9回新潮ドキュメント賞受賞作

リハビリの夜●熊谷晋一郎●2000円●痛いのは困る——現役の小児科医にして脳性まひ当事者である著者は、《他者》や《モノ》との身体接触をたよりに、「官能的」にみずからの運動をつくりあげてきた。少年期のリハビリキャンプにおける過酷で耽美な体験、初めて電動車いすに乗ったときの時間と空間が立ち上がるめくるめく感覚などを、全身全霊で語り尽くした驚愕の書。

その後の不自由●上岡陽江＋大嶋栄子●2000円●〝ちょっと寂しい〟がちょうどいい——トラウマティックな事件があった後も、専門家がやって来て去っていった後も、当事者たちの生は続く。しかし彼らはなぜ「日常」そのものにつまずいてしまうのか。なぜ援助者を振り回してしまうのか。そんな「不思議な人たち」の生態を、薬物依存の当事者が身を削って書き記した当事者研究の最前線！

驚きの介護民俗学●六車由実●2000円●語りの森へ——気鋭の民俗学者は、あるとき大学をやめ、老人ホームで働きはじめる。そこで流しのバイオリン弾き、蚕の鑑別嬢、郵便局の電話交換手ら、「忘れられた日本人」たちの語りに身を委ねていると、やがて新しい世界が開けてきた……。「事実を聞く」という行為がなぜ人を力づけるのか。聞き書きの圧倒的な可能性を活写し、高齢者ケアを革新する。

第2回日本医学ジャーナリスト協会賞受賞作

ソローニュの森●田村尚子●2600円●ケアの感触、曖昧な日常——思想家ガタリが終生関ったことで知られるラ・ボルド精神病院。一人の日本人女性の震える眼が掬い取ったのは、「フランスのべてるの家」ともいうべき、患者とスタッフの間を流れる緩やかな時間だった。ルポやドキュメンタリーとは一線を画した、ページをめくるたびに深呼吸ができる写真とエッセイ。B5変型版。

弱いロボット●岡田美智男●2000円●とりあえずの一歩を支えるために——挨拶をしたり、おしゃべりをしたり、散歩をしたり。そんな「なにげない行為」ができるロボットは作れるか？　この難題に著者は、ちょっと無責任で他力本願なロボットを提案する。日常生活動作を規定している「賭けと受け」の関係を明るみに出し、ケアをすることの意味を深いところで肯定してくれる異色作！

当事者研究の研究●石原孝二編●2000円●で、当事者研究って何だ?——専門職・研究者の間でも一般名称として使われるようになってきた当事者研究。それは、客観性を装った「科学研究」とも違うし、切々たる「自分語り」とも違うし、勇ましい「運動」とも違う。本書は哲学や教育学、あるいは科学論と交差させながら、“自分の問題を他人事のように扱う”当事者研究の圧倒的な感染力の秘密を探る。

摘便とお花見：看護の語りの現象学●村上靖彦●2000円●とるにたらない日常を、看護師はなぜ目に焼き付けようとするのか——看護という「人間の可能性の限界」を拡張する営みに吸い寄せられた気鋭の現象学者は、共感あふれるインタビューと冷徹な分析によって、その不思議な時間構造をあぶり出した。巻末には圧倒的なインタビュー論を付す。看護行為の言語化に資する驚愕の一冊。

坂口恭平躁鬱日記●坂口恭平●1800円●僕は治ることを諦めて、「坂口恭平」を操縦することにした。家族とともに。——マスコミを席巻するきらびやかな才能の奔出は、「躁」のなせる業でもある。「鬱」期には強固な自殺願望に苛まれ外出もおぼつかない。この病に悩まされてきた著者は、あるとき「治療から操縦へ」という方針に転換した。その成果やいかに！　涙と笑いと感動の当事者研究。

カウンセラーは何を見ているか●信田さよ子●2000円●傾聴？ ふっ。——「聞く力」はもちろん大切。しかしプロなら、あたかも素人のように好奇心を全開にして、相手を見る。そうでなければ〈強制〉と〈自己選択〉を両立させることはできない。若き日の精神科病院体験を経て、開業カウンセラーの第一人者になった著者が、「見て、聞いて、引き受けて、踏み込む」ノウハウを一挙公開！

クレイジー・イン・ジャパン：べてるの家のエスノグラフィ●中村かれん●2200円●日本の端の、世界の真ん中。——インドネシアで生まれ、オーストラリアで育ち、イェール大学で教える医療人類学者が、べてるの家に辿り着いた。7か月以上にも及ぶ住み込み。10年近くにわたって断続的に行われたフィールドワーク。べてるの「感動」と「変貌」を、かつてない文脈で発見した傑作エスノグラフィ。付録DVD「Bethel」は必見の名作！

漢方水先案内：医学の東へ●津田篤太郎●2000円●漢方ならなんとかなるんじゃないか?—— 原因がはっきりせず成果もあがらない「ベタなぎ漂流」に追い込まれたらどうするか。病気に対抗する生体のパターンは決まっているならば、「生体をアシスト」という方法があるじゃないか！　万策尽きた最先端の臨床医がたどり着いたのは、キュアとケアの合流地点だった。それが漢方。

介護するからだ●細馬宏通●2000円●あの人はなぜ「できる」のか?—— 目利きで知られる人間行動学者が、ベテランワーカーの神対応をビデオで分析してみると……、そこには言語以前に〝かしこい身体〟があった！　ケアの現場が、ありえないほど複雑な相互作用の場であることが分かる「驚き」と「発見」の書。マニュアルがなぜ現場で役に立たないのか、そしてどうすればうまく行くのかがよーく分かります。

⑦

中動態の世界：意志と責任の考古学●國分功一郎●2000円●「する」と「される」の外側へ——強制はないが自発的でもなく、自発的ではないが同意している。こうした事態はなぜ言葉にしにくいのか？ なぜそれが「曖昧」にしか感じられないのか？ 語る言葉がないからか？ それ以前に、私たちの思考を条件付けている「文法」の問題なのか？ ケア論にかつてないパースペクティヴを切り開く画期的論考！

第16回小林秀雄賞受賞作